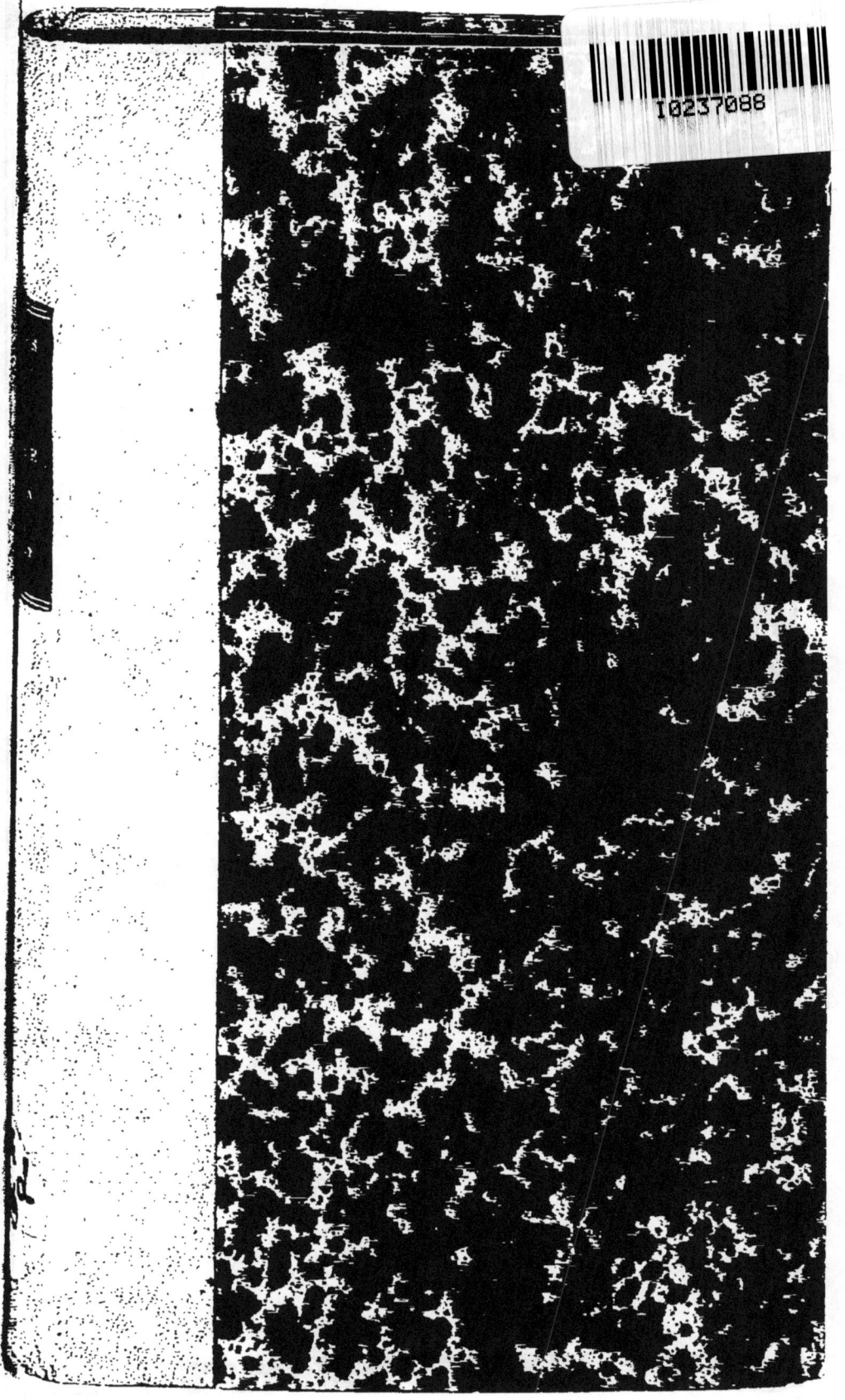

LE
SYSTÊME GALLICAN,

ATTEINT et CONVAINCU

D'avoir été la première et la principale cause de la révolution qui vient de décatholiciser et de dissoudre la *Monarchie très-Chrétienne*, et d'être aujourd'hui le plus grand obstacle à la contre-révolution en faveur de cette même Monarchie,

Par M. POITIERS, Chanoine de Reims.

Et dicent omnes gentes : quare sic fecit Dominus terræ huic? quæ est hæc ira furoris ejus immensa? et respondebunt : quia dereliquerunt pactum Domini quod pepegit cum patribus eorum. Deut. XXIX, 24.

A FRANCFORT, 1795.

~~~~~~~~~~~~

Nouvelle édition, considérablement augmentée,

Par M. H.-J.-A. PETIT,

S. T. L. Chanoine, Exam. Synod. et Trésorier de l'Eglise Cathédrale de St.-Bavon, à Gand.

~~~~

Se vend chez les principaux Libraires des Pays Catholiques.

AVERTISSEMENT.

L'on n'a pû se dispenser dans cette nouvelle édition, de renvoyer le lecteur, pour quelques passages, aux ouvrages du célèbre *A. Muzzarelli*, Théologien de la Ste.-Pénitencerie, croyant qu'il en sera d'autant plus satisfait, que cet auteur mérite déjà la plus grande estime, comme y ayant défendu victorieusement la Doctrine Catholique, sur les points les plus attaqués par les Novateurs Gallicans et autres.

LE SYSTÈME
GALLICAN

Atteint et convaincu d'avoir été la première et la principale cause de la révolution qui vient de décatholiciser et de dissoudre la monarchie très-chrétienne, et d'être aujourd'hui le plus grand obstacle à la contre-révolution en faveur de cette monarchie.

CE n'est pas d'aujourd'hui que l'on a reconnu et dénoncé hautement dans l'Eglise les affreuses conséquences du fatal système que j'entreprends de combattre et de pulvériser dans cet écrit. Il y a plus d'un siècle que les évêques des plus grands sièges de Hongrie, d'Espagne et de Pologne l'ont observé dans les plaintes énergiques qu'ils en ont portées aux pieds du saint-siège Apostolique, que le système gallican érigé en principes publics par l'assemblée déloyale et anti-ecclésiastique de 1682, ne tendoit et ne pouvoit servir qu'à exciter une violente tempête dans l'Eglise, qu'à altérer les liens essentiels de la subordination religieuse et civile, qu'à affoiblir la religion dans l'esprit de la multitude, en un mot qu'à

A

provoquer un Schisme épouvantable. Heureuse à jamais la monarchie très-chrétienne, si elle avoit apprécié des observations aussi salutaires, si elle en avoit profité, et si en garde contre des nouveautés dangereuses, elle eut alors et sur-le-champ étouffé le monstre perfide qu'elle portoit dans son sein et qui devoit préparer d'une manière si cruelle sa désolation et sa perte totale! Mais comment ces observations judicieuses ont-elles été accueillies en France par le parti nombreux des gallicans qui la dominoit? on n'a qu'à consulter l'histoire du tems, et en particulier la défense attribuée à Bossuet des quatre articles de la déclaration licentieuse de cette assemblée, et non-seulement on y trouvera les réclamations et les observations de ces grands évêques, citées en objections, mais on apprendra avec quel mépris elles ont été traitées par les Auteurs Gallicans, mais on verra qu'elles n'ont été regardées que comme des exagérations ultramontaines et ridicules, que comme les effets du dévouement servile et fanatique de ces illustres prélats aux intérêts mal entendus de la cour de Rome. (1)

---

(1) *Illustriss. Georgius Zelepechimi Strigoniensis Archiepiscopus, et Hungariæ Regni Primas in Synodo nationali ad hoc expressè habitâ an.* 1684, *Conventûs Gallicani an.* 1682 *decreta confixit, propositiones interdixit, proscripsit, prohibuit, ut quæ Christianis auribus absurdæ, et planè detestabiles, noxiæ, periculosæ in fide, et per Hungarici quoque regni Provincias à Satanæ Ministris disseminatæ, blandæ pietatis specie, schismaticum virus instillent.*

Illustriss. Roccabertus Archiepiscopus Valentinus in Hispaniâ, ad Innocentium XII an. 1694 *in primâ Epistolâ perscripsit:* Eorum (*Gallorum*) *operâ Ecclesiam turbulentissimis errorum flatibus concuti, etc.; et in alterâ ad eumdem Sum. Pontificem, graphice et spiritu quasi prophetico prænuntiavit:* à Gallis tetrum schisma

Cependant les voilà justifiées aujourd'hui par les événemens et même plus que justifiées pour le malheur de la France, ces observations si sensées ou plutôt ces redoutables prédictions. Une révolution affreuse et dont on ne voit pas d'exemples dans les annales des nations, vient de précipiter la monarchie très-chrétienne, la plus belle portion de l'héritage de Jesus-Christ, dans les profonds abymes du Schisme, de l'Apostasie, de l'Impiété ; les liens sacrés de cette antique filiation qui attachoit la France comme puissance publique à Jesus-Christ et à son Eglise, sont entiérement rompus, brisés, anéantis. Cette nation ingrate et infidelle s'est retranchée elle-même du nombre des nations catholiques et même chrétiennes : elle a abandonné Dieu, et Dieu l'a tellement abandonnée, que tous les efforts que l'on à faits, pour la retirer de l'abyme, n'ont servi, ce semble, qu'à l'y retenir, qu'à l'y enfoncer davantage, c'est-à-dire qu'à exalter son audace, qu'à cimenter son obstination, en un mot qu'à démontrer que sa réprobation étoit consommée.

─────────────────

parari per eas propositiones, quas cætera regna, ut erroneas, impias in fide, scandalosas aversentur: qui se Christianissimos gloriantur, unà cum hæreticis conspirare; hinc intolerabilia damna suboriri; *neque dubitandum omninò*, quin jam in illo regno prædictarum propositionum lue grassante, innumerabili ignaræ plebis multitudini plurima, eáque irreparabilia, in materiâ fidei et Religionis, detrimenta immineant. Itaque Gallicanum Regnum miserandum fore, nisi sub felicissimo tanti pontificis regimine, efficacissimum adhibeatur remedium, quo gravissimis animarum hujus regni periculis medeatur.

Vide Defensionem Declarationis Conventûs Gallicani, editam Amstelodami an. 1745, *et denuò excussam Moguntiæ an.* 1788, *art.* 2.° *et* 5.° *Dissertationis præviæ, cui titulus :* Gallia orthodoxa.

Je sais que les défenseurs et les partisans modernes du systême gallican, sont bien éloignés de voir dans ces déplorables évènemens, l'accomplissement des prédictions qui les ont annoncés comme résultats de ce funeste systême. Je sais que prévenus exclusivement en faveur de leur doctrine gallicane, ils ne songent guères à soupçonner qu'elle ait pu provoquer tant de malheurs. Enfin il est de notoriété publique qu'ils en rejettent la principale cause et tout l'odieux sur la hardiesse et la monstruosité des systêmes philosophiques.

Il faut donc déchirer le voile épais qui couvre leurs yeux abusés ; il faut développer et confronter leur systême avec les attentats de la révolution ; il faut les forcer de reconnoître ce que sans doute ils ne pourront envisager qu'avec horreur. *Arguam te, et statuam contra faciem tuam*, Psal. 49. ℣. 20. Car il est d'un intérêt infini pour l'église, pour la chrétienté, pour les gallicans eux-mêmes, il est du plus grand intérêt, puisque l'occasion en est si favorable, de faire une bonne justice de ce systême vraiment révolutionnaire, ou plutôt d'appuyer celle qui en a été faite dans le tems par l'église romaine ; il importe de le dépouiller de tout le crédit qu'il a usurpé sur les vrais principes ; enfin il est urgent de le démasquer et d'arrêter, s'il est possible, le cours désastrueux de sa scandaleuse influence. (1) Entre-

---

(1). Il s'en faut bien que le systême gallican ait concentré dans la France seule son venin pestilentiel et déstructeur : c'est un fait public et notoire qu'il a servi de modèle, de base et de point d'appui à un systême non moins incohérent ni moins anarchique, mais plus hardi et plus désastrueux encore, conçu et mis au jour depuis plusieurs années, pour le malheur des Eglises Germaniques. Aussi les Partisans déclarés de ce dernier systême, n'ont-ils pas cessé, pour l'ac-

prises, il est vrai, dont l'exécution ne sera pas aussi honorable que salutaire pour M. les Gallicans, puisqu'il faudra opposer à leur fatal système, pour le confondre d'une manière tranchante et décisive, les insignes prévarications qu'ils se dissimulent, et dans lesquelles néanmoins il les a engagés et précipités ; mais entreprise dont

créditer et le faire prévaloir dans l'Allemagne catholique, de mettre en avant et d'exalter les libertés de l'Eglise gallicane et de s'autoriser des paradoxes anarchiques qui leur servent de fondement. C'est visiblement pour atteindre ce but odieux, d'une manière plus générale et plus efficace, qu'ils ont en 1788 provoqué à Mayence une nouvelle édition de la Défense de la Déclaration gallicane de 1682, pour laquelle on a souscrit de toutes les parties de l'Allemagne. Mais puisse l'état de dépouillement et d'opression où sont tombées les Eglises de France, en conséquence et en punition du système gallican, servir de préservatif aux Eglises Germaniques, et leur découvrir les dangers imminens qui menacent sur-tout leurs grands intérêts civils et temporels ! Car les mêmes causes ne peuvent manquer de produire les mêmes effets ; et si cette maxime fondamentale et si rebattue du système gallican, savoir : que le Règne de J. C. n'est pas de ce monde, c'est-à-dire, qu'il est nul *de droit* dans ce monde, dans l'ordre civil, a entraîné, comme on le prouvera dans cet écrit, l'anéantissement de la Monarchie très-chrétienne, et des droits antiques et sacrés de la Religion Catholique qui en était le fondement, combien ne doit-elle pas être plus funeste et plus désastrueuse encore pour les Electorats et les Principautés Ecclésiastiques, ou plutôt pour les Eglises qui ont la propriété et la jouissance de ces Souverainetés civiles et temporelles ? Ne sait-on pas que cette maxime gallicane a été empruntée de la fausse réforme, et que c'est en la suivant comme maxime de leur Religion, que les Princes Protestans ont sécularisé plusieurs Evêchés d'Allemagne dans le dernier siècle ?

A 3

le succès est si important, si avantageux pour l'Eglise, qu'il faut l'assurer et le manifester aux dépens de toutes les fausses réputations, au prix de toutes choses. Que sont les intérêts frivoles de tous les amours propres, devant les intérêts majeurs et suréminens de Jesus-Christ, de sa religion, de son Eglise?

Prophête, dit le Seigneur, crie, et ne cesse pas de crier; élève ta voix comme une trompette, et annonce à mon peuple ses forfaits et à la maison de Jacob ses prévarications. *Clama, ne cesses, quasi tuba exalta vocem tuam, et annuntia populo meo scelera eorum, et domui Jacob peccata eorum.* Il est vrai qu'ils me cherchent de jour en jour, continue le Seigneur, et qu'ils veulent connoître mes voyes et mes desseins sur eux, comme s'ils avoient rempli toute justice, et qu'ils n'eussent point à se reprocher d'avoir abandonné le jugement de leur Dieu. *Me etenim de die in diem quærunt, et scire vias meas volunt, quasi gens quæ Justitiam fecerit, et Judicium Dei sui non dereliquerit.* Ils me supplient de prononcer des jugemens qui leur soient favorables, et me demandent justice contre leurs oppresseurs; *Rogant me Judicia Justitiæ.* Ils veulent s'approcher de moi, à l'effet de me rendre propice à leurs vœux. *Appropinquare Deo volunt.* Ils ne comprennent rien à la conduite de rigueur que je tiens à leur égard; le non-succès de leur pénitence et de leurs humiliations leur paroît de plus en plus étrange et surprenant. *Quare jejunavimus, et non aspexisti, humiliavimus animas nostras, et nescisti?* Ils ne voyent pas, et ils ne veulent pas voir que c'est l'effet et tout ensemble la punition de leur orgueilleuse opiniâtreté, et de la coupable disposition où ils sont, de renouveller, s'ils le pouvoient, leurs prétentions contentieuses contre mon Eglise, et de les soutenir, comme par le passé, avec l'obstination et la violence de l'impiété. *Ecce in die Jejunii vestri invenitur voluntas vestra.... Ecce ad lites, et contentiones jejunatis, et percutitis pugno impiè.* Elève donc ta voix, Prophète, confonds la duplicité d'Israël, et soutiens les intérêts de ma loi et la gloire de mon nom. *Quasi tuba exalta vocem tuam, et annuntia populo meo* etc. Isai. 58. ✞. 1.

Mais quoi! est-ce donc que tous les partisans du système gallican, quoiqu'enveloppés dans la même punition, sont également obstinés, également coupables, également répréhensibles? Ce n'est pas ce que je veux conclure, ni faire entendre; combien ne tiennent à ce système, que par ignorance, par préjugé d'éducation, et qui n'auront rien de plus pressé, que de l'abandonner, que de l'adjurer, quand ils en auront pesé et reconnu les terribles inconvéniens, et les suites déplorables? Quels sont donc ici les vrais coupables et les moins excusables? Quels sont-ils? Tous ces dépositaires de la science, tous ces maîtres en Israël, tous ces docteurs routiniers, qui pleins d'eux-mêmes et de leur prétendu savoir, semblent ne faire usage de leurs talens et de leur vaine subtilité, que pour soutenir un faux système de libertés, qui n'est pas soutenable, que pour se faire, sur ce point, illusion à eux-mêmes et aux autres. C'est donc pour les convertir, ou pour les confondre et les réduire au silence, que je dirai la vérité toute entière, que je parlerai clairement, que je parlerai hautement. Non, des hommes que l'esprit de parti a rendus si dangereux, et que l'obstination rend encore aujourd'hui sourds et indociles à la voix de l'Eglise leur mère, à la voix de Jesus-Christ même, non, de tels hommes ne doivent point être ménagées au préjudice des grands intérêts de la vérité. *Quam ob causam increpa eos dure, ut sani sint in fide.*

Tit. 1. ℣. 13. Et comment en effet pouvoir autrement rompre cette fatale surdité et dissiper ce funeste aveuglement dont les a frappées le système d'orgueil et d'insubordination, que je combats?

Mais pour le faire avec plus de succès, je suivrai cet ordre naturel ; c'est-à-dire qu'avant de développer et pour mieux démontrer les incroyables résultats du système gallican, par rapport à la révolution, je vais l'attaquer d'abord en lui-même, et par les vérités essentielles qu'il contredit, et par les paradoxes et les absurdités qu'il renferme. J'entre en matière, et je commence par une profession explicite et détaillée de la doctrine de l'Église Romaine sur les principes essentiels et constitutifs de son unité, de sa solidité et de sa stabilité, que j'oppose à la doctrine anarchique des quatre articles gallicans, pour en faire sentir tout d'abord la fausseté et la témérité.

Première Profession explicite de la Doctrine de l'Eglise Romaine contre le systême gallican.

Credo Unam, Sanctam, Catholicam et Apostolicam Ecclesiam. Symbole de Nycée.

I. JE crois que l'Unité essentielle à la sainte Eglise Catholique et Apostolique, consiste dans l'unité de Chef, l'unité de Foi et l'unité de Discipline générale. *Unum ovile et Unus Pastor.* Joan. 10. *Una Fides, Unum Baptisma.* Ephes. 4.

II. Je crois que J. C. en signe de cette unité, a établi une Chaire unique dont toutes les autres sont des émanations, et qu'il a confié les droits, les prérogatives et la principauté de cette Chaire unique à St.-Pierre et à ses successeurs. *Christus ut manifestaret unitatem, unam Cathedram instituit.... Cathedra una super Petrum voce Domini fundata. Petri Cathedram unde sacerdotalis unitas exorta est.* S. Cyprianus pluribus in locis. — *Ergo Cathedrâ unicâ, quæ est prima de dotibus, sedit prior Petrus.* S. Optatus lib. 2. contra Parmenion. — *In Rom. Ecclesiâ semper Apostolicæ Cathedræ viguit Principatus.* S. Aug. epist. 162. Item epist. 43. No. 7. edit. Paris. 1689.

III. Je crois que le même St.-Pierre a reçu de J. C., pour lui et pour ses successeurs, la dignité suprême de Chef visible de l'Eglise, avec tous les dons et tous les pouvoirs nécessaires pour former, maintenir et perpétuer efficacement l'unité de foi et de discipline générale dans l'Eglise. *Incipiamus, adjuvante Sto. Apostolo Petro, per quem Apostolatus et Episcopatus in Christo cepit exordium.* S. Innocent. I. epist. 2. ad. Victricium Rothomagens. — *Qui negavit aliquando S. Petrus .... factus est nobis verè firma Petra, fundans Domini fidem, in quo ædificata est nobis omnibus Ecclesia.* S. Epiphan. lib. 2, adversùs hæreses. — *Hujus muneris (Prædicandi) Sacramentum itâ Dominus ad omnium Apostolorum officium voluit pertinere, ut in B. Petro Apostolorum omnium Summo principaliter collocaret, ut ab ipso quasi quodam capite dona sua velut in corpus omne diffunderet.* S. Leo Magn. Epist. 89, nùnc 30 ad Episcop. Provinciæ Viennensis. — *Tu es, juxta divinum oraculum, Petrus, et super te innituntur columnæ Ecclesiæ, id est Episcopi.* Sergius Archiep. Cyp. alloquens Theodorum Papam in Epist. lectâ in Concilio Lateranensi, an. 649.

IV. Je crois que la prière de J. C. pour Saint-Pierre, afin que sa foi ne défaille point, et l'ordre qu'il lui donna de confirmer ses frères, (Luc. 22) ne se rapportent pas à St.-Pierre seulement, mais dans sa personne à tous ses successeurs. *Oportet ad vestrum referri Apostolatum pericula quæque ac scandala emergentia in Regno Dei, ea præsertim quæ de fide contingunt. Dignum namque arbitror, ibi potissimum resarciri damna fidei, ubi non possit fides sentire defectum. Hæc quippe hujus prærogativa Sedis. Cui enim alteri aliquando dictum est: Ego pro te regavi, Petre, ut non deficiat fides tua? Ergò quod sequitur, à Petri successore exigitur: Et tu aliquando conversus confirma fratres tuos. Id quidem modo necessarium tempus est, ut vestrum agnoscatis, Pater amantissime, Principatum, probetis zelum, ministerium honoretis. In eo planè Petri impletis vicem, cujus tenetis et Sedem, si vestrâ admonitione corda in fide fluctantia confirmatis, si vestrâ authoritate conteritis fidei corruptores.* S. Bernard. ad Innocent. II. adversus Petrum Abailardum. Epist. 90. — *Majores causas ad Sedem Apos-*

tolicam referri solemnis Ecclesiæ mos est, quem fides Petri nunquam deficiens, perpetuo retineri pro suo jure postulat. Epist. 85, Episc. Gallic. ad Innocentium X. anno 1650.

V. Je crois donc que pour le bien de l'unité, le souverain Pontife, successeur de St.-Pierre, est infaillible personnellement, considéré comme Chef de l'Eglise, Pasteur des Brebis et des Agneaux, assis sur la Chaire de St.-Pierre, en sorte que du haut de cette Chaire de vérité, il ne peut jamais enseigner l'erreur publiquement et solennellement, ni imposer aux fidèles l'obligation d'y souscrire et d'en faire l'objet de leur foi. *In monito quod in Comit. gnâlibus. Cleri gallicani an. 1626 editum et ad omnes Regni Episcopos fuit directum, Papa expressis verbis dicitur: Ecclesiæ universalis Caput visibile; Deique in terris Vicarius, Episcopus Episcoporum et Patriarcharum, Successor Petri, in quo Apostolatus et Episcopatus sumpsit originem, super quem Christus Ecclesiam suam fundavit, illi tradendo claves cœlorum cum Fidei infallibilitate quam miraculoso modo videmus in suis Successoribus usque ad hodiernum diem immobilem permansisse. Liquido constat veteres Ecclesiæ Gallicanæ Proceres hanc in Summis Pontificibus Petri Successoribus infallibilitatem semper agnovisse, Christique Domini orationem in Petro non stetisse, sed ad ejus Successores certissimè transsiise, eosque qui hanc veritatem impugnare conati sunt, à ducentis aut circiter annis, quibus in Ecclesiam horrenda schismata irruerunt, initium sumpsisse. Andreas Duvallius Doctor Sorbonicus,* lib. de supremâ Rom. Pontificis in Ecclesiam potestate, an. 1614.

VI. Je crois que la suprême Puissance de la Chaire Apostolique et des successeurs de St.-Pierre, n'a pu recevoir aucune atteinte des décrets du

Concile de Constance (Sess. 4 et 5) relatifs à l'occurrence particulière et simultanée de plusieurs Papes douteux, et que ce n'est point aux Gallicans à déterminer le sens de ces décrets. *Consensiones Episcoporum, sanctorum Canonum apud Nicœam conditorum regulis repugnantes, unitâ nobiscum vestræ fidei pietate, in irritum mittimus, et per authoritatem B. Petri Apostoli generali prorsus definitione cassamus.* S. Leo M. ad Pulcheriam Imperat. Epist. 105 contrà canonem 28 de Ampliori prærogativâ Constantinopolitanæ Sedi à Concil. Calcedonensi unanimi consensu attributâ. — *Si Synodus universalis fuerit congregata, et facta fuerit etiam de Sta. Romanorum Ecclesiâ quævis ambiguitas et controversia, oportet venerabiliter et cum convenienti reverentiâ de propositâ quæstione sciscitari et solutionem accipere, aut proficere, aut profectum facere, non tamen audacter sententiam dicere contra Summos senioris Romæ Pontifices.* Canon 12. Octavæ Synodi œcumenicæ. — *Concilium Lateranense III. sub Alexandro III. mojorem vult adhiberi cautelam in eligendo Sum. Pontifice, quia reliqui Episcopi emendari possunt, sed quoad Rom. Ecclesiam, non poterit ad superiorem haberi recursus.* — *Ex Constantiensi Concilio evinci illos ipsos, qui synodico judicio Pontifices substernere enixi sunt, etsi quandoque contentionis æstu (quod singulariter de Gersone scribit) longius sint abrepti, in has tamen se tandem recepisse priscæ modestiæ lineas, ut schismatis tempore tantum cogerentur dubii nimirum Pontifices Concilii judicium experiri.* Tomassinus Dissert. 15 de Concil. Rom. sub Symmacho, an. 520. *Martinus V. ipso fatente, licet ægre, Gersone, Constantiæ an. 1418 in publico et generali Consistorio Bullam edidit, in quâ hæc continebantur : Nulli fas est à Supremo Judice videlicet Apostolica Sede, seu Romano Pontifice, Jesu Christi Vicario in terris, appellare, aut illius Judicium in Causis Fidei,*

Fidei, quæ tanquam Majores ad ipsum et Sedem Apostolicam deferendæ sunt, declinare.

VII. Je crois que c'est une absurdité criminelle et tout ensemble un germe scandaleux de désobéissance et d'insubordination, de supposer, d'insinuer qu'on peut appeler au St.-Siége ou au Concile général, du jugement du Souverain Pontife, considéré comme Souverain Pontife. *Cuncta per mundum novit Ecclesia, quoniam quorumlibet sententiis ligata Pontificum, Sedes B. Petri Apostoli jus habeat resolvendi, utpote quod de omni Ecclesia fas habeat judicandi, neque cuiquam de ejus liceat judicare Judicio; si quidem ad illam de qualibet mundi parte Canones appellari voluerint; ab illa autem nemo sit appellare permissus.* Gelasius Epist. 13. ad Episcopos Dardaniæ. — *Dicitis etiam in litteris me Sedem invasisse Gaufridi Coëpiscopi vestri; in quo manifestè contra Sedem Apostolicam caput erigitis, dum quod illa ædificat, vos quantum in vobis est, destruitis, et quod illa destruxit, vos ædificare contenditis.* HUJUS JUDICIIS ET CONSTITUTIONIBUS OBVIARE, PLANÈ EST HAERETICAE PRAVITATIS NOTAM INCURRERE. S. Ivo Carnot. Epist. 8. ad Richerium Senon. *Tu es ipse Sancta Sedes, Tu es Ecclesia Romana; non recurro ad Petri fabricam, sed ad Eos in quibus illius Ecclesiæ residet Authoritas.* S. Petrus Damianus ad Papam.

VIII. Je crois qu'en vertu de la Primauté de St.-Pierre, qui a passé à ses successeurs, et de la dignité éminente de son Siége immuable établi à Rome, ainsi qu'en vertu des promesses de Jesus-Christ en faveur de l'Eglise bâtie sur le même saint Pierre, (Matth. 16.), l'Eglise Romaine est infaillible d'une infaillibilité tant active, que passive; d'une infaillibilité active dans son chef (Luc. 22.) pour proscrire toute erreur et con-

B

server intacts le dépot et l'enseignement des vérités de la foi; et d'une infaillibilité passive dans ses membres pour n'abandonner jamais la foi collectivement et publiquement. *Ipsa quoque Sancta Rom. Ecclesia summum et plenum Primatum, et Principatum super universam Ecclesiam Catholicam obtinet, quem se ab ipso Domino in B. Petro Apostolorum principe sive vertice, cujus Rom. Pontifex successor, cum protestatis plenitudine recepisse, veraciter et humiliter recognoscit. Et sicut præ cæteris tenetur fidei veritatem defendere, sic et si quæ de fide subortæ fuerint quæstiones, suo debent judicio definiri. Ad quam potest gravatus quilibet super negotiis ad Ecclesiasticum forum pertinentibus, recurrere.* Professio fidei Græcorum in Concilio Lugdun. II. an. 1274. — *Sancta Rom. Ecclesia velut speculum quoddam et exemplar Ecclesiis cæteris præposita est, quæ si quid definierit, id omnibus sæculis firmum, inconcussumque manet.* Epist. Stephani V. — *Navigare audent ad Petri Cathedram, et ad Ecclesiam Principalem, undè unitas sacerdotalis exorta est.... Nec cogitare eos esse Romanos, quorum fides, Apostolo teste, laudata est, ad quos perfidia habere non possit accessum.* S. Cyprianus Ep. 55. de Felicissimo, et Fortunato schismaticis.

IX. Je crois que cette infaillibilité assure à l'Eglise Romaine un caractère d'indéfectibilité qui ne convient qu'à elle seule, n'y ayant aucune des églises particulières qui composent sa catholicité, qui ne puisse déchoir de la vraie foi et tomber dans le schisme et l'hérésie. *Ipsa est Petra quam non vincunt superbæ inferorum portæ.* S. Aug. in Psal. contra partem Donati de Sede Romana.

X. Je crois que les églises particulières ne peuvent avoir ni conserver la foi dans sa pureté et son intégrité, qu'autant qu'elles se tiennent étroitement unies à l'Eglise Romaine, leur mère et leur maîtresse commune, et qu'elles reçoivent avec soumission et docilité ses enseignemens salutaires et ses décisions dogmatiques. *Omnes fines orbis qui Dominum sincerè acceperunt, et ubicumque terrarum Catholici veram fidem confitentes, in Ecclesiam Romanorum, tanquam in solem respiciunt, ut ex ipsa lumen Catholicæ et Apostolicæ fidei recipiant.* S. Maximus in Epist. ad Orientales. — *Operam dabunt ii quibus hæc cura demandata est, Episcopi scilicet et eorum Vicarii, ut in omnibus Synodis, tam Diœcesanis, quam Provincialibus, omnes et singuli tum Clerici, tum Laïci amplectantur et aperta professione eam fidem pronuntient, quam Rom. Ecclesia, Magistra, Columna et Firmamentum veritatis profitetur, et colit. Ad hanc enim propter suam principalitatem, necesse est omnes convenire Ecclesias.* Conventus Melodunensis an. 1579. Tit. 1. Constit.

XI. Je crois que les décisions et les jugemens dogmatiques de l'Eglise Romaine sont irréformables avant l'acceptation, et indépendamment du consentement des autres églises dont les jugemens peuvent être réformés par l'Eglise Romaine. *S. Cælestinus suos legatos mittens ad Concilium Ephesinum generale III sic ipsos admonet relativè ad eam quam tulerat de fide Definitionem et Sententiam :* » Authoritatem Sedis Apostolicæ custodiri debere mandamus. Si quidem et instructiones quæ vobis traditæ sunt, hoc loquuntur, ut interesse Conventui debeatis : ad discepationem si fuerit ventum, vos de eorum (Episcoporum) Sententiis dijudicare debetis, non subire certamen. » — *Constat ex omnibus actis, quod Pontificia illa sententia cum submissione recepta fuerit per totum Orientem, ab ipsis etiam Nestorii fautoribus, quorum Joannes Antiochenus Patriarcha caput fuerat: ita ut idem Joannes seriò Nestorium monuerit*, ut desisteret verbo *Dei Mater* repugnare, et illud approbaret etc. Bossuetius Cap. 1. Observ. 1. adversus Dupinium. — *Quid adhuc quæris examen quod jam factum est apud Apostollicam Sedem? Indè* (Roma) *rescripta venerunt; Causa finita est, utinam finiatur et error.* S. Aug. Lib. 2. operis Imperf. contra Julianum; et Serm. 131. de verbis Apostoli. — *Unde, fratres charissimi, rejecta penitùs audacia disputandi contra fidem divinitùs inspiratam, vana errantium infidelitas conquiescat; nec liceat defendi, quod non licet credi; cum secundùm Evangelicas Authoritates, secundùm Propheticas voces, Apostolicamque doctrinam plenissimè et lucidissimè per* litteras, *quas ad beat. Mem. Flavianum Episcopum misimus, fuerit declaratum, quæ sit de Sacramento Incarnationis D. N. J. C. pia et sincera Confessio.* S. Leo M. Epist. 72. ad Synodum Chalcedonensem adhuc Niceæ existentem contra hæresim Eutichianam.

XII. Je crois que les Canons qui doivent s'observer dans les églises tiennent leur autorité principale de la sanction, ou du consentement de l'Eglise Romaine; que l'Eglise Romaine peut les modifier, en dispenser et même les abroger, lorsqu'elle juge que cela est expédient. *Quid ab universis posthac Ecclesiis sequendum sit, quid vitandum, generali pronuntiatione decernimus.* Siricius Papa Epist. 1. No. 12. — *Quippe, cum Canon Ecclesiasticus vetat, ne absque Sententia Rom. Episcopi decreta Ecclesiis sanciantur.* Socrat. Hist. Lib. 2. Cap. 17. — *Omnia Decretalia constituta, tam beat. Mem. Innocentii, quam omninum Decessorum nostrorum, quæ de Ecclesiasticis ordinibus et Canonum promulgata sunt disciplinis, ita à vestra dilectione custodiri debere mandamus, ut si quis in illa commiserit, veniam sibi deinceps noverit denegari.* S. Leo M. Universis Episcopis per Campaniam, Picenum, Tusciam, et Universas Provincias, Epist. 3. Cap. 5. edit. Paris. 1675. — *Sicut à Persona B. Petri Apostoli, Episcopatus sumit exordium, ita necesse est, ut disciplinis competentibus Sanctitas vestra singulis Ecclesiis, quid observare debeant, evidenter ostendat.* S. Cæsarius Arelat. Symmacho Papæ. — *Adscitis aliis in partem sollicitudinis, Sum. Pontifex assumptus est ad plenitudinem potestatis, qui cum moderator sit Canonum, juri non facit injuriam, si dispensat.* Innocent. III. Epist. 154. — *Illa quæ S. S. Patres determinaverunt esse de jure positivo, sunt relicta sub dispositione Papæ, ut possit ea mutare, vel dispensare, secundum opportunitates temporum, vel negotiorum.* S. Thomas contra Impugnat. Religios. Cap. 4. — *Per Concilium autem statuta in nullo derogant suæ (Pontificis) potestati, quin pro tempore, loco, causisque et personis, utilitate vel necessitate suadente, moderari, dispensareque possit, atque uti Summi Pontificis Epikia quæ ab eo auferri nequit.* Synodus Basileensis Epist. Synodica No. 5.

XIII. Je crois qu'un Concile, quelque nombreux qu'il soit, ne doit être regardé comme légitime, qu'autant qu'il est reconnu pour tel par l'Eglise Romaine. *Julius, ad illos qui Antiochiæ in unum convenerant, scripsit, atque adeò incusavit, quod clam contra fidem Concilii Nicæni, novas res moliti fuerint, quodque contra Leges Ecclesiæ ipsum ad Concilium non vocaverant; nam Legem esse ad Sacerdotii Dignitatem spectantem, quæ pronuntiat acta illa irrita esse, quæ præter Sententiam Episcopi Romani constituuntur.* Sozom. Lib. 3°. Cap. 10. — *Denique in universalibus Synodis quid ratum, vel quid prorsus acceptum, nisi quod Sedes*

B. Petri probavit, (ut ipsi scitis) habetur; sicut à contrario quod ipsa sola reprobavit, hoc solummodo constat hactenùs reprobatum. S. Nicolaus I. Epist. 7. — *Quibus omnibus demonstratur quia Synodus Comprovincialium, Episcoporum Judicia, generalis autem Synodus Comprovincialium dijudicationes, sive dissentiones vel probet, vel corrigat... Apostolica verò Sedes et Comprovincialium et Generalium retractet, refricet, et confirmet judicia: sicut Epistolæ Leonis, atque Gelasii, cæterorumque Rom. Pontificum, et Sardicensis Synodus evidenter ostendunt.* Hincmarus Remensis Lib. 1. de divort.

XIV. Je crois qu'en vertu de l'assistance perpétuelle que Jesus-Christ a promise à l'Eglise universelle dans la personne de ses Apôtres, il n'y aura jamais de division en matière de foi et de discipline générale, entre le chef visible de l'Eglise, et le corps des évêques et des fidèles; que le corps des évêques et des fidèles non-seulement recevra toujours avec docilité l'enseignement de la vérité, qui est un, de la bouche infaillible de ce chef commun, mais qu'il se soumettra toujours à l'autorité suprême de son gouvernement. *Tu es Petrus, et super hanc Petram ædificabo Ecclesiam meam: Et portæ inferi non prævalebunt adversus eam.* Matth. 16. *Pasce agnos meos.... Pasce oves meas.* Joan. 21. *Et ecce Ego vobiscum sum omnibus diebus usque ad consummationem sæculi.* Matth. 28. *Et Ego rogabo Patrem, et alium Paraclitum dabit vobis, ut maneat vobiscum in æternum, Spiritum veritatis.* Joan. 14.

XV. Je crois que l'infaillibilité inhérente à la dignité du Souverain Pontife comme chef, appartient à toute l'Eglise dans l'unité de ce chef suprême pour lequel personnellement et individuellement comme chef, Jesus-Christ en a demandé et obtenu le don immuable en faveur du corps des évêques et des fidèles. *Ait autem Dominus : Simon, Simon, ecce Satanas expetivit vos, ut cribraret sicut triticum : Ego autem rogavi pro Te, ut non deficiat fides tua : et Tu aliquando conversus confirma fratres tuos.* Luc. 22. — *In Petra omnium fortitudo munitur, et ita gratiæ ordinatur auxilium, ut firmitas quæ per Christum Petro tribuitur, per Petrum cæteris Apostolis conferatur.* S. Leo M. Serm. 3°. in annivers. suæ Assumpt. — *Tu es, juxta divinum oraculum, Petrus, et super te innituntur columnæ Ecclesiæ, id est,* Episcopi. Sergius Archiep. Cypr. alloquens Theodorum Papam in Epist. lecta in Concilio Lateranensi an. 649.

XVI. Je crois que cette infaillibilité qui est active dans le corps épiscopal, uni à son chef et présidé par son chef, pour conserver avec autorité le dépôt de la foi, et proscrire toute erreur contraire, n'est que passive dans le corps des fidèles, pour l'attacher invariablement à la foi, et le soumettre à l'autorité de l'enseignement du corps épiscopal uni à son chef. *Quæ nostro prius ministerio Dominus definierat, universæ fraternitatis irretractabili firmavit assensu, ut verè à se prodiisse ostenderet, quod jam à prima omnium Sede formatum, totius Christiani orbis Judicium recepisset.* S. Leo M. ad Theodoretum Epist. 93. Cap. I. edit. Paris. 1675. — *In Conventu anni 1661, Gallicani Præsules de Apostolica Sede hæc effantur :* » Super hunc Montem Sanctæ Sedis pascimur
» et nos, ait St. Augustinus ad populum suum ;
» inibi nos vobis pascua porrigimus, simulque
» accipimus : in hoc loco Dominus docet, et
» ideo statuimus, verba Tertulliani usurpantes,
» hîc, nempe in Romano Pontifice, nostram
» fidem obfirmare, nullam aliam fidem quæ-
» rendo. »

XVII. Je crois que l'autorité que les Evêques ont reçue collectivement de Jesus-Christ dans la personne des Apôtres, et qu'ils partagent entr'eux, est sans préjudice, ni diminution quelconque de la plénitude de la puissance, conférée singuliérement à saint Pierre et à ses successeurs; et de laquelle l'autorité des Evêques releve essentiellement de droit divin. *Solus Papa vocatus est in plenitudinem potestatis, alii verò tantùm in partem sollicitudinis.* Ex Oratione Archiep. Tarentini coram Basileensibus habita et omnium confessione approbata. — *Jesus Christus ipse sua institutione limites præscripsit huic potestati (Episcopali) quam subjecit Sedi Petri in qua posuit plenitudinem Apostolicæ potestatis.* Comitia Cleri Gallicani an. 1728. — *Fidei Dogma est, Episcoporum authoritatem et jurisdictionem subjectam esse Sum. Pontificis authoritati, ut subesse debeant Sedis Apostolicæ Statutis.* Pius VI Brevi Apostolico ad Archiep. Coloniensem. 20 Jan. 1787.

XVIII. Je crois que dispersés ou assemblés, les Evêques, qui sont Pasteurs à l'égard des peuples, sont néanmoins toujours brebis à l'égard de saint Pierre, conséquemment toujours présidés, dirigés, gouvernés et confirmés dans la foi par saint Pierre. *Confirma fratres tuos.* Luc. 22. *Pasce oves meas.* Joan. 21. — *Multi erant Apostoli, et tamen uni dicitur: Pasce oves meas.* S. Aug. Serm. 16. — *Omnium Apostolorum Principi Petro, Dominicâ voce totius Ecclesiæ cura commissa est.* S. Greg. Mag. Epist. ad Maurit. Imperat. — *(Christus Petrum) non solum Pastorem, sed pastorum Pastorem constituit. Pascit igitur Petrus agnos, pascit et oves; pascit filios, pascit et matres; regit et subditos et Prælatos. Omnium igitur Pastor est, quia præter agnos et oves, in Ecclesia nihil est.* S. Eucherius Lugdun. Serm. in Natali

SS. Petri et Pauli. — *Rogamus et tuis Decretis nostrum honora Judicium, et sicut nos Capiti in bonis adjecimus consonantiam, sic et SUMMITAS TUA, FILIIS, quod decet, adimpleat.* Epist. Synod. Concil. Chalcedon. ad S. Leonem. — *Concilium generale Lateranense V. declarat*, Sess. 10. Romanum Pontificem Authoritatem super omnia Concilia habere

XIX. Je crois que dispersés ou assemblés, ils ont bien le droit de juger en première instance, et d'appuyer par un jugement conforme, le jugement définitif de saint Pierre, mais non pas de contrarier, ni de réformer le jugement définitif de St.-Pierre. *Tacuit omnis multitudo, et in sententiam ejus (Petri) Jacobus Apostolus et omnes simul Presbyteri transierunt. Hæc non debent esse molesta lectori, sed mihi et illi utilia, ut probemus antè, Apostolum Paulum non ignorasse Petrum principem esse hujus Decreti, legem post Evangelium non esse servandam. Denique tantæ Petrus authoriatis fuit, ut Paulus in Epistola sua scripserit : Deinde post annos tres veni Jerosolymam videre Petrum.* S. Hyeron. de Concil. Jerosolymit. Actuum 15. — *Cum an. 1705 in acceptatione Constitutionis* Vineam Domini Sabaoth *à Comitiis Cleri Gallicani facta, dictum fuisset* Constitutiones Sum. Pontificum, tunc habere vim obligandi, postquam à Corpore Episcoporum fuissent acceptatæ, hancque acceptationem fieri ab Episcopis per viam Judicii, *Clemens XI hac clausula S. Sedis authoritatem violari conquesius in Epist. ad Ludovicum XIV an.* 1706, 31 *Augusti, sic tegessit, loquens de Episcopis Gallicanis :* » Ejus-
» dem Cathedræ (Romanæ) de Catholica fide
» Decreta venerari et exequi discant, non discu-
» tere, aut examinare. » (*) *Igitur an.* 1711 *data*

(*) Voyez cette lettre dans les observations de M. Petit ci-jointes.

ad Papam Epist. Galliæ Præsules ita se explicarunt : » Per id non se intellexisse acceptationem
» quæ sit solemnis, neque ut Episcoporum Conventus, velut Judex Constitutionum, suo illas
» Tribunali subjiceret, sed ut suæ Doctrinæ conformitatem cum Apostolica significaret, simul-
» que omne Jansenistis effugium præcluderet. »

XX. Je crois que Jesus-Christ a été envoyé de Dieu son père, pour être tout à la fois le grand Prêtre et le grand Roi dans son Eglise et sur son Eglise (*Psalm.* 109. et 46.), et que *toute puissance dans le ciel et sur la terre lui a été donnée* (*Matth.* 28.) non point seulement en sa qualité de Fils de Dieu, selon laquelle il est tout-puissant comme son père et avec son père de toute éternité, mais spécialement et proprement en sa qualité de Fils de l'homme, de Dieu fait homme, de Christ, selon laquelle il devoit conquérir, gouverner et juger les nations. *Psal.* 2-44-46-95-96. *Luc.* 1. *Joan.* 12. 1 *Corinth.* 15. *Sceptrum Dei, Dominus Jesus-Christus non venit in jactantia superbiæ, cum possit omnia, sed in humilitate.* S. Clemens Epist. ad Corinth. — *Quid est quod sic turbaris, Herodes? Rex iste qui natus est, non venit Reges pugnando superare, sed moriendo mirabiliter subjugare : nec ideo natus est, ut tibi succedat, sed ut in eum mundus fideliter credat. Venit ergo non ut pugnet vivus, sed ut triumphet occisus.* S. Fulgentius Serm. 4. in Epiphan. — *Apparet, evidentissimè apparet non de illo Regno Christi Prophetam loqui, quo regnat semper apud Patrem rerum Dominum, quæ per illum creatæ sunt : Quando enim non regnat in principio Verbum, Deus apud Deum?..... Sed tamen illud dispensatorium et transitorium Regnum incipit à Christianis, et Regni ejus non erit finis.* S. Aug. in Psal. 109.

XXI. Je crois que le Royaume de J. C. qui n'était pas, ni ne pouvait pas être de ce monde, a été établi dans ce monde, lorsque par l'effet de sa victoire sur le monde et sur le démon qui en étoit le Prince, le règne de ce monde est devenu le règne de notre Seigneur et de son Christ, lorsqu'il est entré en possession de sa grande puissance et qu'il a régné, lorsqu'il a été reconnu universellement et publiquement pour le Dominateur des nations, le grand Roi sur toute la terre, le Roi des Rois et le Seigneur des Seigneurs. *CHRISTUS REGNAT, CHRISTUS VINCIT, CHRISTUS IMPERAT —* Quod est Christi regnum, nisi credentes in eum, quibus dicit : de mundo non estis, sicut et ego non sum de mundo, quamvis eos esse vellet in mundo, propter quod de illis dixit ad Patrem : non rogo ut tollas eos de mundo, sed ut serves eos à malo. *Unde et hic non ait :* Regnum meum non est in hoc mundo, sed non est de hoc mundo; *et cum hoc probaret dicens :* Si Regnum meum esset ex hoc mundo, ministri mei utique decertarent, ut non traderer Judæis, *non ait :* Nunc autem Regnum meum non est hic, sed non est hinc. Hic est enim Regnum ejus usque in finem sæculi, habens inter se commixta zizania usque ad messem .... quando messores venient, id est Angeli, et colligent de Regno ejus omnia scandala; quod utique non fieret, si Regnum ejus non esset hic; sed tamen non est hinc, quia peregrinatur in hoc mundo. Regno suo quippe dicit : de mundo non estis, sed ego vos elegi de mundo. Erant ergo de mundo, quando Regnum ejus non erant, sed ad mundi Principem pertinebant. De mundo est ergo quidquid hominum à vero quidem Deo creatum, sed ex Adam vitiata atque damnata stirpe generatum est. Factum est autem Regnum non jam de mundo, quidquid inde in Christo regeneratum est. Sic enim Deus nos eruit de potestate *tenebrarum, et transtulit in Regnum Filii charitatis suæ.* S. Aug. Tract. 115 in Joan. — *Vere enim in adventu Domini salvatoris duæ virgæ, et duo ligna in unum juncta sunt Sceptrum, et in baptismate Christi duum separata sociantur, ut fiant in unum novum hominem, et in unam gentem, neque polluantur ultra in idolis, et abominationibus; sed mundi lavacro sint populus Dei, et IMPERET EIS CHRISTUS.* S. Hyer. lib. 11. Comment. in Ezechiel.

XXII. Je crois que depuis cette heureuse révolution, J. C. a exercé sa royauté dans ce monde, comme il y exerçoit déjà son Sacerdoce, c'est-à-dire, par le ministère de ceux qui ont été, et qui sont revêtus à cet effet de sa puissance et de son autorité royale. *Quia bene nostis ab illo qui solus merito et Rex et Sacerdos fieri potuit, ita Ecclesiam dispositam esse ut Pontificali authoritate, et Regali potestate gubernetur.* Concil. ad Theodonis Villam.

XXIII. Je crois que depuis la chûte de l'Empire païen et l'établissement du règne du Christianisme, l'Eglise est devenue Etat civil, société politique fondée sur les lois sacrées du Christianisme, et gouvernée par deux ordres de Ministres, qui sont établis, l'un pour présider aux choses qui regardent le culte de Dieu et les observances de la Religion, l'autre pour présider aux choses qui regardent le Gouvernement civil; l'un et l'autre sous la dépendance de J. C. qui est le Chef suprême de cette Société, et à qui tout doit être soumis. *Simon narravit quemadmodum primum Deus visitavit sumere ex gentibus populum nomini suo. Et huic concordant verba Prophetarum, sicut scriptum est: Posthac revertar, et reædificabo tabernaculum David, quod decidit; et diruta ejus reædificabo,*

ficabo, et erigam illud: ut requirant cæteri hominum Dominum, et omnes gentes, super quas invocatum est nomen meum, dicit Dominus faciens hæc. Notum à sæculo est Domino opus suum. Act. 15. — *Rex Regum, idemque Sacerdos Sacerdotum qui solus potuit Ecclesiam regere quàm redemit, postquam humanitatem suam ad Cælum evexit, semper cum suis futurus Divinitate, Potestatem suam ad eandem gubernandam Ecclesiam, in Sacerdotes divisit et Reges, ut quod sancti docerent Pontifices, et ipsi implerent et impleri facerent devotissimi Reges.* Beatus Lupus Ferrariensis epist. ad Amolonem.

XXIV. Je crois que depuis cette époque les Rois et les Princes chrétiens ne régnent plus de droit que comme chrétiens, n'étant pas possible qu'ils régnent légitimement sous un autre titre, dans une société exclusivement chrétienne, et sous l'Empire du Christianisme, devenu fondamental de tous les gouvernemens chrétiens. *In Regno Christiano etiam leges publicas oportet esse Christianas, convenientes videlicet, et consonantes Christianitati.* Hincmarus Remensis de divortio Clotarii et Tetbergæ. — *Ah! Gallia! Tu quæ Regem tibi dari Catholicum postulasti, quia Leges fundamentales Regni, non alium Regem, nisi Catholicum patiebantur, en hodie quem habebas Catholicum Regem, ob id ipsum quod Catholicus esset, occidisti.* Pius VI. Orat. habita in Consistorio secreto causa necis illatæ Ludovico XVI. — *Zeno Imperator moritur, cujus loco Imperator ab Ariadne Augusta renunciatus est Anastasius silentiarius. Verum Euphemius Episcopus (Constantinopolitanus) electioni ejus obstitit, hæreticum illum vocans, et indignum qui Christianis imperaret. Ariadne tamen et Senatores vim inferentes, Euphemium assentiri coegerunt. Ille, non alia conditione id se facturum promisit, quam si confessionem scripto comprehensam ab eo suscepisset, quo profiteretur, se pro definitione fidei amplecti ea, quæ in Chalcedonensi Synodo decreta fuerant; quod quidem præstitit Anastasius.* Theodorus Lector Lib. 3. hist. Ecclesiast. — *Quod si Rex ante diem anniversarium excommunicationis suæ, suo præsertim vitio excommunicatione non absolvatur, absque retractatione in perpetuum causa ceciderit, nec legibus deinceps Regnum repetere possit, quod legibus ultra administrare, annuam passus excommunicationem, non possit.* Conclusum ab Episcopis et Principibus Germaniæ in Conventu Triburiensi adversus Henricum IV. Imperat. referente Lamberto historico. — *Pro quibus nefandis malis ab Apostolica Sede excommunicatus (Henricus IV.) nec Regnum, nec potestatem aliquam super nos,* quia Catholici sumus, *poterit obtinere.* Stephanus Halverstadensis vir sanctissimus Epist. ad Waltranum Magdeburg.

XXV. Je crois que la puissance temporelle des rois et des princes chrétiens, est la puissance propre de l'Eglise aussi bien que la puissance spirituelle des pontifes, en tant que les princes chrétiens, comme les pontifes tiennent leur puissance respective de Jésus-Christ, le chef et le prince de l'Eglise, et qu'ils l'exercent en son nom, comme ses vicaires, ses ministres, ses lieutenans, pour le bien spirituel et temporel de l'Eglise. *Nec dulcius, nec amabilius, sed nec arctius omnino Regnum Sacerdotiumque conjungi, seu complantari in invicem potuerunt, quam ut in Personâ Domini ambo hæc pariter convenirent, utpote qui factus est nobis ex utraque tribu secundum carnem Summus et Sacerdos et Rex. Non solum autem, sed et commiscuit ea nihilominus, ac confœderavit in suo corpore, quod est populus Christianus, ipse caput illius: ita ut hoc genus hominum Apostolica voce* genus electum, Regale Sacerdotium appelletur. In alia quoque scriptura, quotquot sunt prædestinati ad vitam, nonne omnes Reges et Sacerdotes nominantur? Ergo quæ Deus conjunxit, homo non separet. S. Bernard. Epist. 244. ad Conrad. Regem Romanorum. — Ex Sacerdotio et Regno rerum administratio conflata est : quamvis enim permagna utriusque differentia sit, (illud enim velut anima est, hoc velut corpus.) ad unum tamen et eumdem finem tendunt, hoc est ad hominum salutem. S. Isidorus Pelusiota Lib. 3. Epist. 249.

XXVI. Je crois que ces deux puissances, souveraines dans leur ressort respectif, sont néanmoins essentiellement subordonnées dans leur exercice aux lois du Christianisme devenues fondamentales de tous les gouvernemens chrétiens. *Ecce Servus meus......dedi Spiritum meum super eum. Judicium gentibus proferet... et Legem ejus Insulæ expectabunt.* Isai 42. — *Ego autem constitutus sum Rex ab eo, super Sion montem sanctum ejus, prædicans præceptum ejus. Dominus dixit ad me.... Postula à me, et dabo tibi gentes hæreditatem tuam, et possessionem tuam terminos terræ. Reges eos in virga ferrea, et tanquam vas figuli confringes eos. Et nunc, Reges, intelligite : erudimini qui judicatis terram. Servite Domino in timore, et exultate ei cum tremore. Apprehendite Disciplinam, nequando irascatur Dominus, et pereatis de via justa.* Psalm. 2.

XXVII. Je crois que le dépôt, l'enseignement et le maintien des dogmes de la religion et des lois chrétiennes fondamentales de tous les gouvernemens chrétiens, appartiennent exclusivement, de droit divin, aux successeurs des Apôtres et principalement au Souverain Pontife, successeur de St.-Pierre. *Jesus locutus est eis (undecim*

Discipulis) *dicens : Data est mihi omnis potestas in cœlo, et in terra. Euntes ergo docete omnes gentes..... docentes eos servare omnia quæcumque mandavi vobis. Et ecce Ego vobiscum sum omnibus diebus usque ad consummationem sæculi.* Matth. 28. *Confirma fratres tuos.* Luc. 22. *Pasce agnos meos..... Pasce oves meas.* Joan. 21. — *Christi solius est Regnum cum Sacerdotio simul habere ; quoniam etsi quidam Reges, in ejus venturi figuram, Sacerdotio functi sunt, tamen cum manifesta lux veniret in mundum, umbras removens futurorum, nulli alteri dedit, quod sibi singulare servavit, sed in diversos sua dona distribuens, sic quæ propria sunt Sacerdoti, Regibus interdixit.* Facundus Hermianensis.

XXVIII. Je crois que ces lois sacrées et inviolables étant le fondement inébranlable de l'autorité des rois et des princes chrétiens, et le plus solide garant de la fidélité de leurs sujets, les rois et les princes chrétiens leur doivent à tous égards respect, obéissance et protection, ainsi qu'à l'organe infaillible et aux ministres sacrés chargés de la part de Jesus-Christ de maintenir ces lois, et de les leur intimer. *Ad hoc potestas super omnes homines Dominorum meorum pietati cælitus data est, ut qui bona appetunt, adjuventur, ut Cœlorum via largius pateat, ut* terrestre Regnum cœlesti Regno *famuletur.* S. Greg. Mag. Lib. 2. Epist. 61. ad Maurit. Imperat. — *Quia res omnes non aliter bene administrantur, nisi cum Regnum et Sacerdotium in unum convenerint studium, celsitudinem tuam observando monemus, quatenus in Regno vobis commisso, verbum Dei currere permittatis, et Regnum terrenum cœlesti Regno quod Ecclesiæ commissum est, subditum esse debere cogitetis. Sicut enim sensus animalis subditus debet esse rationi, ita potestas terrena subdita esse debet Ecclesiastico regimini, et quantum valet corpus, nisi regatur ab anima, tantum valet terrena potestas, nisi informetur et regatur Ecclesiasticâ disciplinâ.* S. Ivo Carnot. Epist. 106. ad Henricum Regem Angliæ. — *In propugnandis Regum omnium juribus, nunquam Religionis rationes à cæteris quibuscumque rationibus sejungas, semperque tibi propositum habeas, Te, tuas, tuorumque Regnorum res tum esse acturum maximè, cum Religionis integritati prospexeris, cum sacros cultus, cum Catholicam Ecclesiam, ejusque Unitatem in Apostolica Sede fundatam ubique constitueris, tibique planè vel ipso Gallicarum perturbationum exemplo persuadeas, publicarum rerum summam in eo verti, scilicet non tam humana quam divina fide contineri et consistere Regna, atque abjecta Religione, in tumultus eadem, rebelliones, ac ruinam vesano pravissimarum opinionum impulsu facillimè, miserrimèque prolabi. Itaque vel in administrando, vel in componendo bello, illæ potiores apud Te esse debent conditiones. Quæ Regno Dei conveniant, unde in cætera humana Regna omnis publicæ Potestatis vis, vigorque promanat.* Pius VI. Brevi Apost. ad Franciscum II. Imperat. 8. Aug. 1792.

XXIX. Je crois que les pontifes et les princes chrétiens, sous la direction et la conduite pastorale du souverain Pontife, chef visible de l'Église, sont chargés solidairement de droit divin, les uns comme évêques *du dedans*, et les autres comme évêques *du dehors*, de maintenir de tout leur pouvoir respectif, dans toutes les parties de l'empire de Jesus-Christ, les dogmes, les lois et les intérêts de la religion chrétienne, sur lesquels reposent leurs droits respectifs spirituels et temporels, et qu'ils se doivent à cet effet secours, assistance et protection mutuelle. (*) *Per quem*

_____
(*) Voyez A. Muzarelli discipline Eccl. pag. 38 et 39.

autem, nisi per Vos (exerendus est uterque gladius)? Petri uterque est: alter suo nutu, alter sua manu, quoties necesse est, evaginandus. Et quidem de quo minus videbatur, de ipso ad Petrum dictum est: converte gladium tuum in vaginam. *Ergo suus erat et ille; sed non sua manu utique educendus.* S. Bernard. Epist. 256. ad Eugen. Papam. — *Jungant se animis (Sacerdotes et Reges) qui juncti sunt institutis; invicem se foveant, invicem se defendant, invicem onera sua portent.* Idem Epist. 244. ad Conrad. Regem Roman.

XXX. Je crois que chaque roi, ou prince chrétien, est souverain, quant au civil, dans la partie du royaume de Jesus-Christ, sur laquelle il règne, mais non pas au préjudice des droits de Jesus-Christ et des intérêts de sa religion, ni au point de pouvoir impunément tout oser, tout entreprendre contre la religion et la royauté de Jesus-Christ, jusqu'à fouler aux pieds les lois divines et humaines, devenir schismatique, hérétique, apostat, persécuteur, comme les Antiochus, les Néron, les Dioclétien. *Quamvis Ecclesiastica potestas distincta sit à sæculari, et Papa jurisdictionem civilem non habeat in sæcularium Principum Regna, nihilominus tamen in ordine ad finem spiritualem habet Pontifex Maximus amplissimam potestatem in omnes Principes orthodoxos. Unde si Princeps aliquis inutilis esset, aut iniquas leges contra Religionem, aut contra bonos mores conderet, aut quidpiam simile faceret in detrimentum rerum spiritualium, posset Papa, servatis justis circumstantiis, congruum remedium adhibere privando etiam talem Principem, Administratione, et Jurisdictione.* (*) Symanca Pacensis Episc. Lib. de Catholicis Institutionibus. Tit. 45. Nro. 25. — *Hi omnes (Reges et Principes Christiani) ut*

(*) Voyez A. Muzzarrelli: Grégoire VII depuis la page 40 jusqu'à 58.

Pars et membra sunt Ecclesiæ, necessariò etiam subsunt Ecclesiasticæ Hierarchiæ Præsidi qui sui imperii habenâ moderetur eosdem, in suam mutuo, et totius corporis utilitatem conspirantes teneat, omnes contineat in officio, prævaricantes corrigat et, si ita exigat totius necessitas, Administratione et Officio amoveat et in locum eorum constituat alios, aut constituendos præcipiat per eos ad quos hoc ipsum de jure aut consuetudine pertineat. Albertus Pighius Lib. 5. de Ecclesiast. Hierarch. Cap. 2. — *Regnum et Principatus cum personis in Ecclesiæ corpus et jus transit per sacrum Baptisma et per Christianæ Religionis liberam acceptationem, Christo et sponsæ ejus Ecclesiæ dedicatum et consecratum et donatum donatione irrevocabili, cum nulla possit esse justa causa ab Ecclesia recedendi. Igitur Rex vel Princeps, servato ordine juris, anathematizatus et incorrigibilis animo obstinato in scelere perdurans deponi et privari potest.* Jacobus Latomus de Ecclesia Cap. 14.

XXXI. (1) Je crois que Jesus-Christ a donné à son église toute l'autorité nécessaire pour arrêter

---

(1) Avant la révolution les galicans n'auroient pas manqué de dénoncer et de poursuivre la profession publique de ce point de doctrine comme un crime de Leze-Majesté, comme un crime d'état; mais en vain voudroient-ils intriguer aujourd'hui, user de moyens obliques, mettre tout en œuvre, pour le rendre odieux et attirer des persécutions à ses défenseurs; la vérité est plus forte que le mensonge et la calomnie, on ne les craint pas. Outre que l'on n'a rappelé ici la doctrine de l'Eglise Romaine que par occasion et pour pouvoir développer d'une manière plus palpable et plus complette les suites affreuses du Systême gallican, il est évident qu'à la considérer sous son vrai point de vue, bien loin de présenter aucun sujet légitime d'inquiétude aux princes catholiques, elle est autant favorable aux intérêts communs de leurs trônes, que les paradoxes

et venger de tels attentats ; qu'elle peut par le ministère de la puissance spirituelle et avec le secours de la puissance temporelle qu'elle réunit

flatteurs du Systême gallican leur ont été et leur sont préjudiciables. Car enfin je le demande à M. les Gallicans, ces rois, ces princes catholiques qui viennent de faire les plus grands efforts pour combattre les ennemis de la religion catholique et de la royauté très-chrétienne, ont-ils intérêt à attaquer eux-mêmes une religion qui est le plus ferme appui de leurs trônes ? En ont-ils la volonté ? Ont-ils un intérêt présumable à soutenir un prince qui malheureusement voudroit porter atteinte à cette religion, au risque d'exciter une commotion violente et dangereuse dans la chrétienté ? Et peut-on les supposer capables de seconder une entreprise aussi impolitique, sans manquer au respect qui leur est dû ? Non sans doute, et à Dieu ne plaise : Eh bien ! la Doctrine que nous défendons, ne les concerne pas ; *Adversus hujusmodi non est lex. Gal.* 5. Elle ne peut les offenser, puisqu'elle ne regarde qu'un prince (qui n'existe aujourd'hui qu'en spéculation) lequel se déclareroit violemment et obstinément l'ennemi d'une religion sur laquelle reposent les plus grands intérêts d'un Trône, dont il n'est que le dépositaire. *Quia lex justo non est posita, sed injustis et non subditis, impiis....... et perjuris.* 1. *Timoth.* 1. Mais d'ailleurs combien cette Doctrine n'est-elle pas essentielle pour la sûreté commune des droits légitimes des princes chrétiens ? Car la puissance qu'elle assure à l'Eglise, étant exclusive, n'appartenant qu'à elle seule, elle les met efficacement à l'abri de tout attentat national de la part de leurs sujets. Et les Gallicans auront beau dire que les Papes peuvent abuser de cette puissance, et s'en servir pour détruire et non pour édifier, on leur fermera la bouche avec les principes de leur religion, en leur disant qu'en vertu de l'assistance journalière et perpétuelle promise à l'église par son divin fondateur, cette église agissant dans son chef et par son chef, ne peut jamais s'écarter des régles de la justice et de la prudence évangéliques;

dans son sein pour le salut et la paix de la chrétienté, prononcer et exécuter contre un prince obstinément coupable de ces excès, la peine d'ex-

---

qu'elle ne peut jamais faire de démarches inconsidérées et nuisibles aux intérêts de la chrétienté, et qu'il n'est pas plus possible qu'elle retranche de la société chrétienne, qu'elle dépose un roi, un prince fidèle et religieux, qu'il n'est possible qu'elle canonise, qu'elle expose à la vénération des fidèles un méchant, un scélérat, un réprouvé. Au surplus on leur porte le défi de justifier par des faits incontestables leurs soupçons injurieux et leurs défiances affectées. Mais ce qu'il y a de plus décisif en faveur de l'Église Romaine contre le Système gallican, c'est qu'il est certain, comme on le démontrera dans cet écrit, que si les partisans de ce fatal Système ne s'étoient pas acharnés, surtout depuis un siècle, à décrier, à anéantir dans l'esprit de la nation française, la doctrine et les droits vénérables, et exclusifs de l'église et de son chef, Louis XVI régneroit encore paisiblement et glorieusement. Car c'est en soustrayant nos rois très-chrétiens, *considérés comme rois*, à la direction et à la juridiction de l'église et de son chef, qu'ils leur ont ôté leur plus ferme appui et leur plus puissante protection. C'est en déclarant le chef de l'église dépendant et sujet de l'église, c'est en soutenant qu'il pouvoit être déposé par le concile, qu'ils ont exposé ces rois à être déclarés à plus forte raison sujets de la nation, et à être déposés arbitrairement par une assemblée de cette nation. Ainsi pour éviter un abus de pouvoir, imaginaire et injurieux à l'église, ils ont ouvert la porte au plus grand de tous les abus, au plus exécrable des forfaits. Ainsi pour mettre éventuellement un prince prévaricateur et parjure envers Jésus-Christ et sa religion, à couvert des censures de l'église, et d'une punition exemplaire et salutaire pour la chrétienté, ils ont exposé aux plus grands malheurs les gouvernemens chrétiens et les rois les plus religieux, les meilleurs rois. *Et nunc, Reges, intelligite!* Ps. 2.

communication et de déposition, qui le prive de tout droit spirituel et civil, conséquemment de sa dignité et de son autorité, qui ne peuvent plus lui appartenir, du moment qu'il abjure et qu'il foule aux pieds les lois de la religion et de la société chrétienne, qui seules lui donnoient et lui assuroient cette dignité et cette autorité. *Infidelitatem illorum (Principum) qui fidem susceperunt, potest (Ecclesia sententialiter) punire et convenienter in hoc puniuntur, quod subditis fidelibus dominari non possint : hoc enim vergere posset in magnam fidei corruptionem.* S. Thom. 2. Quest. 12. Art. 2 in Corp. — *Nec dicere oportet omnes Reges vel Principes hæreditatem eorum vel terram tenere à Papa et de Ecclesia, ut Papa habeat superioritatem civilem et juridicam super omnes, quemadmodum aliqui imponunt Bonifacio VIII. Omnes tamen homines, principes et alii subjectionem habent ad Papam, in quantum eorum jurisdictionibus, temporalitate et dominio abuti vellent contra legem divinam et naturalem, et potest superioritas illa nominari Potestas directiva et ordinativa, potiùs quam civilis et juridica.* Gerson. Serm. coram Rege Franciæ nomine Universitatis Parisiensis habito pro pace et unione Græcorum. Considerat. 5. — *Potestas Ecclesiastica Papalis non ita habet dominia et jura terreni simul et cœlestis imperii, quod possit ad libitum suum de bonis Clericorum et multo minus Laïcorum disponere, quamvis concedi debeat, quod habet in eis Dominium quoddam regitivum, directivum, regulativum et ordinativum. Postremò suis terminis ita Potestas Ecclesiastica se coërceat, ut meminerit Potestatem sæcularem, etiam apud infideles, sua habere propria jura, suas dignitates, suas leges, sua judicia, de quibus occupare se Ecclesiastica Potestas non præsumat vel usurpet, nisi dum redundat abusus potestatis sæcularis in impugnationem fidei et blasphe-*

miam Creatoris et in manifestam Ecclesiasticæ potestatis injuriam : tunc enim Ecclesiastica Potestas in his habet Dominium quoddam regitivum, directivum, ordinativum et regulativum. Idem de potestate Ecclesiastica, considerat. 12.

Hanc (potestatem ordinativam) agnoverunt Proceres Francorum, qui Zachariæ Pontifici supplicaverunt quatenus Childericum Regem cujus supina socordia aut stupiditate omnia sacra et profana miscebantur, sic ut Cathedrales Ecclesiæ à laïcis et publicanis possiderentur, (qua de re graviter conqueritur Bonifacius Episcopus Moguntinus et Martyr), permitteret titulo regio privari et in Pipinum qui negotia Regni felicius administrabat, transferri. Usus fuit et Leo III. hac potestate, quando imperium quod Græci in Occidente possidebant, dum non possent Ecclesiæ ibidem laboranti auxilium debitum præbere et suppetias ferre, transtulit in Carolum Magnum et in Successores ejus, in illo quasi instituens sacri olei unctione Imperium novum et magis divinum, unde et SACRUM IMPERIUM appellatur, à quo deinceps Romani Imperii successio ad alios derivaretur. Joan. Wigers Tractat. de Pontifice. Dub. 2. N. 151.

Quod objicit (Adversarius) de Majorum nostrorum consuetudine, qui Principes multos hæreticos passi sunt, ut Constantium et Valentem Arianos, Anastasium Eutichianum, Heraclium Monothelitam et si qui sunt alii, ad rem nihil facit; Neque enim Ecclesia temerè et inconsideratè potestate sua debet abuti. Porrò non rarò accidit, ut tanta sit quorumdam Regum cum improbitate ac sævitiâ juncta potentia, ut Ecclesiastica censura neque ad eos coërcendos quidquam possit et Catholicis populis, in quos Principes irritati magis sævirent, plurimùm obsit. Quid enim, quæso, profuisset quondam Ecclesiæ, si tentasset vel Ostrogothos Reges in Italia vel in Hispania *Wisigothos* aut *Wandalos* in Africa excommunicare aut de solio deturbare, quamvis id facere jure optimo potuisset? Quod idem de Constantio, Valente et aliis supra nominatis intelligi debet: siquidem ea tunc erant tempora, ut potius ad Martyrium subeundum Episcopi, quam ad Principes coërcendos parati esse deberent. At ubi vidit Ecclesia suæ potastati locum aperiri vel cum ipsorum Principum utilitate spirituali vel certe sine detrimento et pernicie populorum, non sibi defuit...... sic enim Ecclesia Leonem Isauricum Imperii parte et Henricum IV toto Imperio et Childericum Regno Franciæ spoliandos esse judicavit, ut reipsa deinceps et Leo parte Imperii et Henricus Imperio toto et Childericus Regno caruerit. Itaque veteres illos Imperatores Constantium, Valentem et cæteros non ideo toleravit Ecclesia, quod legitime in Imperium successissent; alioqui enim Leonem etiam et Henricum et Childericum, qui non minus legitime successerant, periulisset; sed quod illos sine populi detrimento coërcere non poterat, istos poterat. Franciscus Romulus in Apolog. Cap. 8.

Hæc subjectio (Principum sæcularium Sum. Pontifici et Ecclesiæ) potestatem non tollit. Nam supernaturalia adduntur naturalibus, non ad eorum corruptionem, sed ad eorum perfectionem. Fides non tollit lumen naturæ, sed perficit, ejusque corrigit errores. Gratia non tollit arbitrium, sed juvat, dum illud ad bona efficaciter movet. Pariter Potestas Ecclesiastica Regiam non aufert, sed juvat et perficit, dum errantem corrigit et ad bona torpentem movet. Regum ergo potestas à Christo non est imminuta per id quod Ecclesiæ subjecta, sed perfecta et aucta. Quæ enim ad malum est, potestas non est, sed potestatis defectus et imperfectio. Hanc vero tantum adimit Potestas Ecclesiæ. Amittunt-ne homines suarum rerum dominium, potestatem et libertatem,

libertatem, dum sibi Regem præficiunt? non sanè; imò libertatem, potestatem et dominium proprium hac subjectione tuentur. Cur ergo potestatem Reges amittent, si Ecclesiæ subjiciantur? Antonius Capel. Controvers. 2. adversùs Primatum Ecclesiasticum Angliæ Regum.

Christus non venit solvere legem, sed adimplere; ideo non sustulit jura gentium et naturæ, sed perfecit; non privavit Reges et Principes dominio et jurisdictione, sed eorum jurisdictionem et dominia ordinavit. Nam et in ipsa Ecclesia Reges et Principes non sunt minore præditi potestate politica, quam Ethnici essent; hoc solum accessit, quod præposuit illis Pastorem magnum qui vice sua fungeretur in terris, à quo dirigerentur, si forte à via quæ ducit ad Regnum cælorum, eos aberrare contingeret: quod beneficium Dei inter potissima debet agnosci à fidelibus omnibus, sed à nullis magis, quam à Regibus et Principibus qui, quo sunt in loco sublimiore, eò magis obnoxii sunt casui graviori et tantò magis egent Episcopo et Pastore animarum suarum, ut eleganter et copiosè admonuit Reginaldus Polus in Dialogo de Pontifice Maximo. Beatus Bellarminus Cap. 3. contra Barclaïum.

XXXII. Je crois expressément et explicitement toutes ces vérités dans le sens que la lettre exprime. Je les crois comme des vérités renfermées dans le dépôt de la doctrine de l'église. Je les entends implicitement, lorsque je dis en récitant le Symbole : *Credo Unam, Sanctam, Catholicam et Apostolicam Ecclesiam.* Je les déduis, je les articule en détail, lorsque je donne un développement à ma croyance religieuse. J'ose dire qu'une doctrine ainsi exprimée et articulée ne peut point être condamnée par l'église. J'ose dire en même tems que je condamne toute doctrine contraire, sans hésiter, et sans crainte d'être condamné par l'église.

Et non-seulement je crois les maximes articulées ci-dessus, comme des vérités qui appartiennent au dépôt de la doctrine de l'église ; mais j'en regarde la pratique et l'observation, comme nécessaires au bonheur et à la gloire de toute la chrétienté, comme seules propres à procurer l'exaltation de notre mère la sainte Église Romaine, à prévenir ou à arrêter les hérésies naissantes et les schismes, en un mot à entretenir et à perpétuer la concorde et la paix entre les princes et les peuples chrétiens. (1)

---

(1) Comment donc se peut-il faire que des maximes aussi essentielles, aussi salutaires, ayent aujourd'hui si peu de partisans et un si grand nombre d'adversaires et de contradicteurs? C'est qu'il faut que les Prophéties s'accomplissent touchant la défection et l'apostasie universelle qui doivent préparer et former le règne de l'Antechrist (2. Thessal. 2.) et dont on ne peut méconnoître les caractères, les commencemens et les progrès dans la révolution dont nous sommes témoins. Il est évident que cette défection qui vient d'éclater en France et qui menace toutes les autres parties du royaume de Jesus-Christ, n'eut jamais pu avoir lieu, si les vrais principes de la constitution de l'église avoient été maintenus dans toute leur intégrité, et religieusement observés dans toute la chrétienté. Il a donc fallu qu'ils tombassent insensiblement et généralement dans l'oubli et le mépris ; il a fallu qu'à ces principes d'une sagesse toute divine succédassent les principes d'une politique impie et anti-chrétienne? Et voilà ce qui est arrivé surtout depuis la révolte et le schisme des protestans, par l'indigne et perfide complicité des Gallicans qui, sans abjurer ouvertement ces saintes maximes, comme les protestans, n'ont pas craint d'y porter atteinte, de les altérer, de les déprimer, de les énerver, par les restrictions odieuses et les modifications para-

Qu'on juge d'après cela ce qu'on doit penser de la doctrine des gallicans de notre siècle, fondée sur les quatre articles de la fameuse assemblée de 1682. Car il est constant et ils n'en font point un mystère, il est constant qu'ils ont en-

doxales qu'ils y ont mises au grand scandale de toute la chrétienté. — Cependant cette défection, cette apostasie qui vont devenir universelles, ainsi que le règne de l'Antechrist qui en sera le résultat et qui y mettra le comble, n'auront qu'un tems. Dieu n'abandonnera pas son église; et après l'avoir fait triompher de tous les assauts de son plus cruel et de son dernier ennemi, non-seulement il la rétablira dans toutes ses prérogatives et dans tous ses droits, mais il la rendra plus florissante et plus glorieuse que jamais, par le retour des peuples séparés de son Unité et par la conversion des Juifs et des autres nations infidèles, qui viendront augmenter et partager sa gloire et son bonheur; et c'est alors que les grands principes de sa constitution divine, depuis longtems obscurcis, méconnus, abjurés et combattus par la faction des impies et la lâche connivence de ceux qui s'en étoient imprudemment rendus les fauteurs et les échos; c'est alors, dis-je, que ces grands principes reparoîtront avec éclat dans toute leur intégrité et qu'ils reprendront leur ascendant et toute leur influence sur les nations et leurs gouvernemens; alors que le *Royaume d'Israël* (Act. 1.) relevé sous Constantin en faveur des chrétiens *les vrais Israélites* (Rom. 9.), rénouvellé et affermi sous Charlemagne, reparera toutes les pertes qu'il aura essuyées depuis son rétablissement, et recevra son complement et toute sa perfection; alors que Jesus-Christ le vrai David en sera reconnu universellement et sans contradiction pour le seul roi, le seul pasteur (Ezéch. 37.); alors que tous les peuples, toutes les nations, toutes les langues le serviront et lui rendront hommage en cette double qualité, dans l'intervalle qui restera jusqu'à son dernier avènement en qualité de souverain Juge. (Ezéch. 38.)

seigné et qu'ils enseignent une doctrine contraire à la doctrine de l'Eglise Romaine, puisqu'ils la qualifient du nom de doctrine de l'Eglise Gallicane, en l'opposant à la doctrine de ceux auxquels ils donnent le nom odieux d'Ultramontains, quoiqu'ils n'enseignent que la doctrine de l'Eglise Romaine. On leur demande donc sur quel fondement ils prétendent qu'une doctrine, qui leur est particulière, doit faire loi, et comment sur-tout ils osent entreprendre de la faire prévaloir contre la doctrine constante de l'Eglise Romaine? Leur église qu'ils appellent Gallicane et qu'ils déshonorent en lui attribuant leur doctrine, leur Eglise Gallicane est-elle la mère et la maîtresse des Eglises? Leur sorbonne, leurs parlemens, leurs jurisconsultes, sont-ils des oracles qu'il faille consulter et écouter de préférence, auxquels il faille croire contre le témoignage des écritures, des SS. Pères, qui ont traité ces questions depuis la chûte de l'empire païen, des plus grands papes, des conciles, et des plus célèbres docteurs? Et qu'ils ne disent pas que l'église n'ayant pas condamné leur doctrine, (*) ils ont pu la soutenir, sans manquer au respect et à l'obéissance qu'ils doivent au St.-Siége Apostolique, et dans le St.-Siége à toute l'église; car ce moyen illusoire de justification supposeroit qu'ils n'ont point lu ce qui s'est passé à la suite de ladite assemblée; et qu'ils n'ont point eu connoissance de la constitution d'Alexandre VIII, publiée en 1690 contre la déclaration des quatre articles et tout ce qui s'étoit fait dans la même assemblée. (1) Eh bien! qu'ils lisent ce que

(*) Voyez les observations de M. Petit ci-jointes.

(1) L'obstination des Docteurs gallicans et spécialement des Sorbonistes, a des caractères en effet bien étranges et bien surprenans. Car enfin lors de la publication de cette constitution d'Alexandre VIII et

N. S. P. le PAPE PIE VI. vient de rappeller et de condamner à cet égard dans sa constitution dogmatique contre le Synode de Pistoye, (1) et lors des lettres de soumission écrites en 1692 au Pape Innocent XII par les évêques non-bullés, qui avoient été membres de l'assemblée de 1682 en retractation de tout ce qui s'y étoit passé, c'est un fait, et ces docteurs ne peuvent pas l'ignorer, qu'aucun évêque de France n'a réclamé par un jugement épiscopal, ni contre la constitution susdite, ni contre les lettres de soumission dont il s'agit. Ainsi les évêques de France ont adhéré à celles-ci et à celle-là comme tous les évêques de la catholicité; et dès-lors la cause a été finie, même dans les principes gallicans. Comment donc ces docteurs ont-ils osé persévérer dans leur fatal Système? Cette réflexion seule suffiroit pour les condamner et les couvrir de confusion. Mais non, je me trompe; le parlement ayant appelé *comme d'abus* de ladite constitution, ces messieurs se sont crus fondés à n'avoir aucun égard, ni à cette constitution, ni à ces rétractations; par conséquent à résister au St.-Siége, aux évêques de France eux-mêmes, et à s'obstiner dans leur Système d'insubordination. C'est-à-dire qu'au lieu du St.-Siége Apostolique, le parlement a été à cet égard, comme à bien d'autres, leur unique boussole et leur seul point d'appui; et ils n'en rougissent-pas! et bien loin d'en rougir, la plupart s'en applaudissent encore! Voilà comme ces messieurs se montrent les amis et les défenseurs de l'Episcopat! Il est inutile d'alléguer que le St.-Siége n'a point condamné comme hérétique la doctrine des quatre articles; il suffit que le St-Siége l'ait reprouvée et annullée, pour qu'ils soient coupables d'une témérité d'autant plus scandaleuse, d'autant plus inexcusable, que leur doctrine, en portant atteinte à la puissance de l'église et à celle de son chef, ne tendoit qu'à affoiblir le respect et la subordination qui leur sont dus, et qu'à favoriser par là même l'esprit de rébellion et d'impiété.

(1) *Neque silentio prætereunda insignis ea, fraudis plena Synodi temeritas, quæ* pridem improbatam ab

ils verront que l'Eglise Romaine a suffisamment condamné leur doctrine. Et comment l'Eglise Romaine, comment les autres églises ne se seroient-elles pas élevées contre une doctrine nouvelle substituée solemnellement aux anciens principes et dont la nouveauté étoit une preuve si palpable d'erreur et de fausseté. (1) Telle est la doctrine que les gallicans imputent aux églises

---

Apostolica Sede Conventûs Gallicani Declarationem an. 1682, *ausa sit non amplissimis modo laudibus exornare, sed quo majorem illi authoritatem conciliaret, eam in Decretum de fide inscriptum insidiosè includere, articulos in illa contentos palam adoptare, et quæ sparsim per hoc ipsum Decretum tradita sunt, horum articulorum publicâ et solemni professione obsignare. Quo sanè non solum gravior longè se nobis offert de Synodo, quam Prædecessoribus nostris fuerit de Comitiis illis expostulandi ratio, sed et ipsimet Galicanæ non levis injuria irrogatur, quam dignam Synodus existimaverit, cujus authoritas in patrocinium vocaretur errorum, quibus illud est contaminatum Decretum.*

Quamobrem quæ acta Conventus Gallicani, mox ut prodierunt, Prædecessor noster Ven. Innocentius XI per litteras in forma Brevis die 11 Aprilis an. 1682, post autem expressius Alexander VIII Constit. Inter Multiplices *die 4 Augusti an. 1690 prò Apostolici sui muneris ratione improbarunt, resciderunt, nulla et irrita declararunt, multo fortius exigit à nobis Pastoralis sollicitudo recentem horum factam in Synodo tot vitiis affectam adoptionem, velut temerariam, scandalosam, ac præsertim post edita Prædecessorum nostrorum Decreta, huic Apostolicæ Sedi summopere injuriosam reprobare, ac damnare, prout eam præsenti hac nostra Constitutione reprobamus ac damnamus, ac pro reprobatâ et damnatâ haberi volumus.* Pius VI. Constit. *Auctorem fidei.* contra Synodum Pistoriens. die 28. Aug. an. 1794.

(1) Et en effet il n'y a point de milieu : ou la doctrine gallicane est catholique, ou elle ne l'est pas; si elle est catholique, pourquoi ne lui donner que

de France, qu'ils appellent pour cela la doctrine de l'Eglise Gallicane, et dont le nom seul la rend suspecte et lui imprime un caractère de nouveauté.

Car pour avoir sur une assertion aussi incontestable tout l'éclaircissement et toute la conviction dont elle est susceptible, que l'on remonte à la source et à l'origine de cette doctrine, on trouvera mille preuves évidentes et sensibles de sa nouveauté ; on verra qu'elle date principalement depuis les démêlés de Philippe le Bel avec le Pape Boniface VIII, environ depuis cinq cens ans, et qu'elle n'a eu pour principe, qu'un esprit de méfiance et une conduite soutenue d'insubordination à l'égard de l'Eglise Romaine, dont on s'est fait un Système connu sous le nom de li-

---

le nom de doctrine de l'Eglise Gallicane, et ne pas l'apeller tout simplement la doctrine de l'Eglise Catholique ? Si elle n'est pas catholique, ce n'est donc qu'une doctrine particulière. Mais une doctrine particulière qui, bien loin d'être catholique, est en opposition formelle avec la doctrine publique de l'Eglise Romaine, que peut-elle être autre chose, qu'une doctrine d'erreur et de mensonge ? Car la doctrine de l'Eglise Romaine est essentiellement vraie, essentiellement orthodoxe, esssentiellement catholique. Or, le pour et le contre, le oui et le non, ne peuvent être vrais en même tems, à l'égard des mêmes objets considérés sous les mêmes rapports. Donc, la doctrine gallicane, la doctrine des quatre articles, par-là même qu'elle est opposée à la doctrine constante de l'Eglise Romaine, est essentiellement fausse, essentiellement erronée, essentiellement anti-catholique. Donc, c'est avec raison qu'elle a été reprouvée par l'église, laquelle, selon St.-Augustin, ne peut ni taire, ni approuver, ni se permettre ce qui est contre la foi, ou contre les bonnes mœurs. *Quod est contra fidem, vel contra bonos mores, Ecclesia nec tacet, nec approbat, nec facit.*

bertés de l'Eglise Gallicane. (1) La France, depuis cette époque, peu en garde contre les atteintes de cette fausse liberté, qui vient de consommer sa ruine, ne voulut plus obéir à l'Eglise Romaine, qu'avec des restrictions et des modifications. Au lieu de recevoir la loi de cette mère commune de toutes les églises, elle voulut la lui donner ; et s'élevant dans son orgueil au-dessus de cette église mère et maîtresse, elle prétendit entendre et connoître mieux qu'elle, les droits, les prérogatives et les intérêts de Jesus-Christ, et de sa sainte cité. Dans son obstination, elle opposa doctrine à doctrine, une doctrine pernicieuse d'indépendance et d'insubordination, à la doctrine salutaire de la vraie obéissance et d'une subordination sincère et chrétienne. Telle fut l'occasion et l'origine de la doctrine des gallicans, et en voici maintenant l'analyse et le substance.

Pour étayer, pour maintenir de prétendues libertés (auxquelles on a donné d'ailleurs un sens et une étendue arbitraires), ou ce qui est la même chose, pour autoriser, pour justifier une conduite d'indocilité et des procédés d'insubordination, il falloit nécessairement de nouveaux principes et des maximes quelconques qui favorisassent l'insubordination et l'indépendance. Eh bien !

___

(1) Qu'on lise dans l'histoire Ecclésiastique la conduite que la France a tenue depuis le grand Schisme d'Occident qu'elle a occasionné, jusqu'à l'époque sur-tout de l'assemblée à jamais répréhensible de 1682 et même jusqu'à la révolution, et l'on ne cessera de remarquer des traits frappants de son active et funeste insubordination ; et du tems du concile de Constance, et du tems de l'assemblée de Bâle, et du tems du concile général de Latran V, et du tems du concile de Trente, dont elle a refusé obstinément de recevoir les décrets salutaires de la réformation.

M: les Gallicans en ont imaginés, ils en ont établis de particuliers, dont ils ont fait le fondement de leurs libertés et la base de leur doctrine gallicane, et qui tendent tous à rabaisser, à restreindre, à entraver et à rendre nulle dans la pratique l'autorité de l'Eglise Romaine ou plutôt celle de son chef. Car l'Eglise Romaine n'a d'autre d'autorité, que celle que Jesus-Christ a confiée à son chef; et les gallicans sentoient bien que leur système de liberté et d'indépendance ne pouvoit se soutenir qu'à la faveur des restrictions et des entraves mises à l'exercice de cette autorité suprême.

II.

Précis et analyse du Système gallican, dont les principes anarchiques ont introduit et consacré en France l'esprit de rébellion et d'insurrection.

Voici donc comme ils ont procédé et les principes qu'ils ont avancés, pour parvenir à cette fin scandaleuse et si répréhensible. 1°. Ils ont enseigné et ils enseignent encore comme principe fondamental, que l'église, qui de sa nature et par son institution a besoin d'être conduite tous les jours et d'être gouvernée sans interruption, a reçu néanmoins de Jesus-Christ et qu'elle conserve dans tous les tems, un caractère et un droit de supériorité sur le chef, que Jesus-Christ lui a donné pour la conduire tous les jours et la gouverner sans interruption. (*Sic autem inesse Apostolicæ Sedi, ac Petri Successoribus Christi Vicariis, rerum spiritualium plenam potestatem, ut simul va-*

leant atque immota consistant S. OEcumenicæ Synodi Constantiensis à Sede Apostolicâ comprobata, ipsoque Romanorum Pontificum, ac totius Ecclesiæ usu confirmata, atque ab Ecclesiâ Gallicanâ perpetuâ Religione custodita Decreta de authoritate Conciliorum generalium, quæ Sess. 4 et 5 continentur, nec probari à Gallicanâ Ecclesiâ, qui eorum Decretorum quasi dubiæ sint authoritatis, ac minus approbata, robur infringant aut ad solum schismatis tempus Concilii dicta detorqueant. Art. II. Declarationis Gallicanæ an. 1682.) Maxime évidemment paradoxale et anarchique, empruntée, ce semble, de la déclaration des droits de l'homme; et qui en attribuant non au Souverain Pontife, mais à l'église la souveraineté sur elle-même et sur son chef, tend visiblement d'une part à provoquer dans l'église l'établissement d'un Tribunal permanent ou périodique, qui soit supérieur au St.-Siége et indépendant du St.-Siége lui-même, et de l'autre à rendre le Souverain Pontife, qui y est assis comme chef de l'église, responsable de l'exercice de son autorité aux pieds de ce tribunal incroyable; c'est-à-dire à dénaturer l'institution de Jesus-Christ et à introduire dans le gouvernement de l'église des principes Monarchico-philosophiques qui ont failli le bouleverser au tems du conciliabule de Bâle (1) et

---

(1) *Ipsam Potestatem Monarchicam supprimere conati sunt Basileenses, et nimio fervore resistendi ad hanc vesaniam devenerunt, quod Supremam Potestatem in uno supposito consistere denegant, sed etiam in multitudine, quæ cito in diversa scinditur, collocant, et sic pulcherrimam Monarchiam Ecclesiæ, quæ Christianos hucusque tenuit in unitate fidei, in unâ professione Religionis christianæ, in uno ritu sacramentorum, in unâ observantiâ mandatorum, in eisdem cæremoniis divini cultûs, atque pacem et tranquillitatem asseruit, nunc abolere et supprimere contendunt, nobilissimam politiam*

qui viennent de renverser la plus belle monarchie de la chrétienté et de conduire son monarque à l'échaffaud. (1)

quæ beatitudinem cælestem habet pro fine, ad Democraticam, vel Aristocraticam redigentes..... Concilium olim Basileënse veritatem de suprema Potestate in uno extinguere pertentavit. Concilium autem Florentinum hanc veritatem bene quidem lucidavit, ut patet in Decreto Græcorum..... Quid quæso, magis posset in perpetuitatem schismatis tendere, quam ... Authoritatem supremam multitudini quæ cito scinditur, tribuere; quam POTESTATEM JUDICANDI SUPERIORES, INFERIORIBUS DARE?..... *Hæc autem dicta sunt in publico, ut omnibus innotescat pia et sancta Regis nostri Christianissimi intentio.* Ita an. 1441. Caroli VII Francorum Regis nomine ad Eugenium IV legatus Meldensis Episcopus Petrus, prout in mandatis habuit, post seriam consultationem Prælatorum aliorumque multorum Regni sapientum, peroravit; quod documentum integrum dat Reinaldus ad an. 1441. ex Codice vaticano 1477.

(*Hæc tam solemniter dicta contra gallicanas novitates peremptoria sunt, et tam Pragmaticam Sanctionem an. 1439 in Conventu Bituricensi editam, quam Declarationem gallicanam an. 1682. à fundamentis evertunt.*)

(1) *Sic an. 1684 Ludovicum XIV præmonuerat Author Libri cui titulus:* Tractatus de Libertatibus Ecclesiæ Gallicanæ Lib. 12°. *loquitur de calamitosâ propositione Cleri an. 1682, quâ Concilia generalia præponuntur Summo Pontifici.*

» Posset ne Princeps tantâ Sapientiâ præditus, non
» advertere ex Cleri sui Sententiâ plus periculi si non
» sibi nimirum potentissimo, saltem SUIS SUCCESSORI-
» BUS, quam Romanis Pontificibus imminere? Nemo
» enim Catholicus dubitat potestatem Beati Petri ejusque
» Successorum à Christo Domino immediatè oriri; atque
» adeo, ut ait Nicolaus I Epist. 8 : Privilegia istius
» Sedis, impingi possunt, transferri non possunt;
» trahi possunt, evelli non possunt. Si ergo Summum
» Pontificem à Christo constitutum omnium fidelium Pas-

2°. Ils ont enseigné et ils enseignent encore comme un autre principe fondamental, que l'autorité du Souverain Pontife doit être tempérée par les anciens canons; c'est-à-dire que le Souverain Pontife est obligé de régler l'exercice de son autorité sur ces anciens canons dont il ne lui est pas permis de s'écarter. (*Hinc Apostolicæ potestatis usum moderandum per canones Spiritu Dei conditos et totius mundi reverentia consecratos: valere etiam regulas, mores et instituta à Regno et Ecclesiâ Gallicanâ recepta, Patrumque terminos manere inconcussos; atque id pertinere ad amplitudinem Apostolicæ Sedis, ut statuta et consuetudines tantæ Sedis et Ecclesiarum consensione firmatæ, propriam stabilitatem obtineant. Art. III. ejusdem Declarationis.*) Maxime injurieuse pour les Souverains Pontifes, destructive de leur autorité et de la subordination, qui leur est due; injurieuse pour les Souverains Pontifes, qui sont supposés capables de s'écarter arbitrairement et habituellement des anciens canons dans l'exercice de leur autorité; destructive de cette même autorité, en ce qu'il s'en suivroit, qu'ils ne pourroient ni modifier, ni abroger les anciens canons, ni en dispenser, lorsqu'ils le jugent expédient; ni enfin leur en substituer d'autres plus analogues aux circonstances des siècles, des lieux, des personnes; en un mot, destructive de la subordination qui leur est due, en ce qu'elle autorise jusqu'aux simples fidèles, à surveiller les décrets et les actes de jurisdiction des Souverains Pontifes, pour examiner s'ils ne s'écartent pas des anciens

---

» *torem et Rectorem ejusque Vicarium immediatum deponi à Concilio generali posse admittamus, multò facilius* REGEM A COMITIIS GENERALIBUS EXAUCTORARI POSSE *concedendum erit, cum nonnisi mediatè à Deo Principatum obtineat.* »

anciens canons et régler leur soumission en conséquence, et qu'elle leur fournit mille prétextes de désobéissance et d'insubordination.

3°. Ils ont enseigné, et ils enseignent encore comme un troisième principe fondamental, que les jugemens dogmatiques du Souverain Pontife en matière de foi, ne sont point irréformables par eux-mêmes, et qu'ils n'acquièrent un caractère d'infaillibilité, que par le consentement et l'acceptation de l'église. (*In fidei quoque quæstionibus præcipuas Summi Pontificis esse partes, ejusque decreta ad omnes et singulas Ecclesias pertinere; nec tamen irreformabile esse judicium, nisi Ecclesiæ consensus accesserit. Art. IV. ejusdem Declarationis.*) Maxime qui est une conséquence de la première, et qui est aussi contraire à la tranquillité des fidèles, que favorable à la cause et aux desseins pernicieux des novateurs ; contraire à la tranquillité des fidèles dont la foi sera incertaine pendant un laps de tems considérable et indéterminable; favorable à la cause et aux desseins pernicieux des novateurs qui profiteront de la suspension du décret du Souverain Pontife porté contre eux, pour propager leurs erreurs, et qui trouveront en outre dans une telle maxime, les raisons les mieux fondées et les plus plausibles, pour éluder leur condamnation et maintenir leur rébellion. (1)

---

(1) Aussi, tant que M. les Gallicans s'obstineront dans leur fatal système; tant qu'ils ne confesseront pas hautement avec les vrais catholiques la pleine puissance et la supériorité du Souverain Pontife sur les conciles généraux, sur toute l'église ; tant qu'ils ne reconnoîtront pas enfin l'infaillibilité et l'irréformabilité du jugement de ce chef de l'église en matière de foi, ils auront beau faire, ils auront beau dire, jamais avec toute leur subtilité et tout leur gé-

E

4°. Enfin ils ont enseigné, et ils enseignent encore comme un quatrième principe fondamental, que ni les Souverains Pontifes, ni l'église,

nie ils ne viendront à bout de réfuter et de confondre d'une manière péremptoire et décisive les ennemis actuels de l'Eglise, Jansénistes, Fébroniens, Constitutionnels-schismatiques, auxquels le Système gallican a fourni des armes si puissantes et les moyens de défense les plus avantageux et les plus concluans. Et en effet, si le jugement du Souverain Pontife en matière de foi n'est pas par lui-même irréformable, s'il n'est pas définitif, s'il n'est pas en dernier ressort, il faut donc qu'il y ait dans l'église un tribunal supérieur à celui de ce chef de l'église, un tribunal souverain et infaillible qui ait le droit de reviser le jugement *faillible* du vicaire de Jesus-Christ, de le réformer ou de le confirmer en dernier ressort, et qui puisse mettre fin aux contestations et par-là maintenir efficacement les liens essentiels de l'unité; et par conséquent toutes les fois qu'il s'élevera dans l'église quelques nouveautés contraires à la foi, et après même que le Souverain Pontife les aura proscrites par un jugement dogmatique, il sera nonseulement permis, mais nécessaire tant pour faire droit aux parties condamnées, que pour fixer définitivement la foi et la croyance des fidèles, d'appeler du jugement dogmatique du Souverain Pontife, à ce tribunal souverain et infaillible de l'église, pour la matière y être de nouveau examinée et discutée contradictoirement, et ce jugement dogmatique provisoire du vicaire de Jesus-Christ être définitivement confirmé ou réformé. Or les Novateurs ne voyent pas, et il est impossible aux Gallicans de leur montrer dans l'église dispersée ce tribunal unique, ce tribunal par excellence, ce tribunal éminemment supérieur à celui du Souverain Pontife, ce tribunal en un mot souverain et infaillible qui soit en droit de réviser, de casser ou de confirmer en dernier ressort le jugement de ce chef de l'église. Donc les uns et les autres, les gallicans aussi bien que les novateurs sont impérieusement contraints de

qui ont reçu de Jesus-Christ l'autorité sur les choses spirituelles et relatives au salut éternel, n'ont aucun pouvoir, aucune juridiction sur les

le chercher et de le placer exclusivement dans l'église assemblée, dans le concile général. Ainsi voilà tous les apellans de la constitution *Unigenitus*, au futur concile général, tous les appellans de la condamnation de la constitution prétendue civile du clergé de France, tous les appelans de la condamnation du Synode de Pistoye, au même futur concile général, les voilà tous ces appelans et réappelans si rigoureusement censurés et condamnés par les docteurs gallicans, les voilà absous et justifiés par les principes gallicans eux-mêmes. Or il est de l'essence d'un apel interjetté par-devant le tribunal supérieur, à plus forte raison par-devant le tribunal souverain et en dernier ressort, de suspendre et d'arrêter les effets de la sentence portée par le tribunal inférieur. Donc en attendant la tenue éventuelle d'un futur concile général, ces novateurs appelans et réappelans peuvent tout à leur aise et impunément résister au Souverain Pontife et continuer à professer et à répandre ouvertement leurs nouveautés.

Voilà les conséquences directes et nécessaires de l'article 4. de la déclaration gallicane, expliqué et éclairci par l'article 2, et dont les Jansénistes se sont tant prévalus pour justifier leur rébellion. Quelle réponse les Gallicans feront-ils aux constitutionnels schismatiques, lorsqu'ils s'autoriseront de ces principes, lorsqu'ils en suivront, qu'ils en pratiqueront les conséquences? Leur répéteront-ils ce qu'ils ont opposé tant de fois inutilement aux Jansénistes, que le jugement du Souverain Pontife devenoit irréformable par le consentement et l'acceptation de l'église dispersée? Mais ces Novateurs toujours retranchés et inexpugnables à la faveur des principes gallicans, résoudront facilement, à l'exemple des Jansénistes, cet argument foible dans la bouche des Gallicans, et ils leur diront : » *Vous nous opposez le consentement*
» *de l'église dispersée, et vous prétendez qu'il suffit pour*

rois dans les choses temporelles. (*Beato Petro ejusque Successoribus Christi Vicariis, ipsique Ecclesiæ rerum spiritualium et ad salutem æternam*

» imprimer au jugement du Pape le sceau de l'irréforma-
» bilité ; mais vous perdez donc de vue, vous abandon-
» nez donc les principes les plus évidens et les plus in-
» contestables ; vous ne faites donc pas attention que,
» pour infirmer ou rendre irréformable un jugement pro-
» visoire ou en première instance, il faut une sentence
» définitive portée par le tribunal suprême et compétent,
» et qu'en outre une telle sentence ne peut être valide,
» ni légitime, qu'autant que les formes juridiques ont
» été préalablement observées ? Or pouvez-vous dire qu'il
» y ait dans l'église dispersée un tribunal supérieur à
» celui du Souverain Pontife, et qui soit incontestable-
» ment compétent pour réviser ses jugemens ? Pouvez-
» vous assurer que les formes juridiques ont précédé
» l'émission de ce consentement que vous nous objectez ?
» Ne sait-on pas que le grand nombre des Evêques at-
» tachés aux opinions ultramontaines, et prévenus en fa-
» veur de l'infaillibilité du Pape, reçoivent tous les dé-
» crets de Rome sans les examiner, bien plus, qu'ils
» se feroient un crime de se permettre un examen juri-
» dique et dans les formes, et qu'ainsi leur acceptation
» étant plutôt un acte de soumission, que de jurisdic-
» tion, ne doit être comptée pour rien, dans le cas dont
» il s'agit ? Nous déclarons donc, en vertu des principes
» constitutifs et substantiels de la doctrine de l'église gal-
» licane, ne pas nous départir de l'appel comme d'abus
» que nous avons interjetté par-devant le seul tribunal
» suprême et infaillible de l'église universelle, par-de-
» vant le concile général. »

Ainsi M. les Gallicans en seront réduits à leur grand correctif et à leur dernier moyen pour vaincre l'obstination de ces novateurs schismatiques ; et la nécessité de l'obéissance provisoire au jugement du Souverain Pontife, sera le seul argument qu'ils pourront désormais faire valoir contre eux. Mais diront encore ces novateurs : » Qu'est-ce donc que cette obéis-
» sance provisoire dont vous nous parlez, et comment

pertinentium, non autem civilium ac temporalium à Deo traditam potestatem, dicente Domino: Regnum meum non est de hoc mundo, et iterum:

» pouvez-vous nous proposer comme un devoir, ce qui
» de notre part seroit une lâche connivence avec l'erreur,
» et un abandon criminel de la vérité ? Ne soutenez-vous
» pas que le Pape est sujet à l'erreur, et qu'il peut se
» tromper dans ses jugemens dogmatiques ? Eh bien ! nous
» soutenons, nous, qu'il s'est trompé en effet, en ré-
» prouvant notre doctrine et en nous condamnant. Et c'est
» en vain que vous nous prêchez votre obéissance provi-
» soire, jamais, non jamais nous ne consentirons à aban-
» donner le parti de la vérité, pour embrasser l'erreur,
» même provisoirement. Ne nous alléguez point l'obéis-
» sance provisoire que les églises particulières rendent au
» jugement provisoire du Pape ; c'est justement parce
» qu'elles agissent contre les règles de la prudence et
» qu'elles trahissent les intérêts de la vérité, que nous
» nous croyons d'autant plus étroitement obligés d'obser-
» ver les unes et de soutenir les autres, en attendant
» que la vérité triomphe de tous ses oppresseurs, et que
» le tribunal suprême dont nous reconnoissons la com-
» pétence et l'infaillibilité exclusive, nous ait rendu la
» justice qui nous est due. »

Cependant supposons pour un moment la tenue effective d'un concile-général, et voyons quels seront en dernier résultat la conduite et les procédés de ces Novateurs. On s'attend sans doute qu'ils vont être condamnés et qu'ils se soumettront enfin à cette condamnation : point du tout. Mais c'est ici que l'on va voir le plus funeste et le plus déplorable dénouement. Car toujours à la faveur du Système gallican, ces Novateurs sçauront bien éluder toute espèce de condamnation, et voici comment : de deux choses l'une ; ou ce concile sera organisé d'après les principes de l'Eglise Romaine, ou d'après l'article 2 de la déclaration gallicane ; c'est-à-dire, ou ce concile reconnoîtra la principauté du Souverain Pontife et voudra se soumettre à sa direction suprême, ou il se déclarera supérieur au Souverain Pontife et vou-

E 3

Reddite ergo quæ sunt Cæsaris, Cæsari; et quæ sunt Dei, Deo; *ac proinde stare apostolicum illud*: Omnis anima potestatibus sublimioribus subdita

dra reviser, confirmer ou réformer ses jugemens dogmatiques. Dans le premier cas, ce ne sera point, selon les Novateurs, ni selon les Gallicans eux-mêmes s'ils sont conséquens, ce ne sera point un concile-général, mais une assemblée particulière de prévaricateurs, qui auront abandonné les droits les plus essentiels de l'église universelle, et qui les auront sacrifiés à l'ambition pontificale et au despotisme de la cour de Rome. Dans le second, ce ne sera plus, selon le Souverain Pontife, ni selon la très-grande majorité des églises, ce ne sera plus un concile-général, pas même une assemblée légitime, mais un corps acéphale, mais un conciliabule, mais un vrai brigandage. En vain donc les Novateurs seroient-ils condamnés dans le concile présidé, dirigé et confirmé par le Souverain Pontife; un tel concile n'étant pas canonique, selon leurs principes, ils ne se tiendront pas pour condamnés. Ce ne sera donc que dans un concile sans chef et même en insurrection contre le chef de l'église, que leur cause pourra triompher; mais alors l'église sera déchirée et désolée par un Schisme éclatant, le plus formellement prononcé. Et voilà le terme fatal et déplorable où conduisent enfin de la manière la plus directe les paradoxes anarchiques du Système gallican.

Ainsi dans les principes de ce funeste Système, les contestations et les divisions en matière de foi, ou seront perpétuelles et interminables, ou elles ne finiront que par des déchiremens et des schismes affreux. Ainsi l'autorité infaillible de l'église, en cessant d'être reconnue dans la personne du Souverain Pontife comme dans sa source, ne sera plus qu'une chimère et deviendra nulle dans la pratique. Ainsi il est démontré qu'en persistant dans leur fatal Système, les gallicans se mettent eux-mêmes dans l'impuissance de combattre avec succès et de ramener efficacement les Novateurs modernes à l'unité. Que dis-je? Et comment pourroient-ils les convaincre

sit : non est enim potestas nisi à Deo : quæ autem sunt, à Deo ordinatæ sunt. Itaque qui resistit potestati, Dei ordinationi resistit. *Reges*

de schisme et de rébellion, tandis que, Novateurs et schismatiques eux-mêmes en théorie et dans la spéculation, il ne leur manque que de raisonner juste et d'être conséquens, pour l'être dans la pratique définitivement et complettement? Qu'on y fasse attention, et l'on reconnoîtra la vérité et la justesse de cette assertion; on verra que ces messieurs ne sont catholiques que d'une manière provisoire, et par l'effet d'une heureuse et salutaire inconséquence. En vain pour repousser cette inculpation et justifier leur obstination ultérieure, voudroient-ils employer toutes les ressources de la chicane et du sophisme; toutes leurs vaines subtilités, tous leurs faux raisonnemens ne pourront jamais résoudre le Dilemme suivant.

En effet quand le chef de l'église a prononcé du haut de la chaire Apostolique, un jugement dogmatique, et qu'il a enjoint à tous et chacun des pasteurs et des fidèles, c'est-à-dire, à toutes et chacune des églises particulières, de le recevoir et d'en faire la règle de leur foi, *ou* ces églises particulières sont obligées, sous peine de déchoir de la catholicité, de recevoir ce jugement et de s'y soumettre, *ou* elles n'y sont pas obligées. Dans ce dernier cas, elles peuvent donc continuer à être catholiques, tout en refusant l'obéissance au chef de l'église, tout en refusant de professer la même foi que le chef de l'église, et dès-lors les Jansénistes, les Fébroniens, les Pasteurs constitutionnels avec leurs adhérens, n'ont pas cessé d'être catholiques, et l'on ne peut les accuser de rébellion à l'égard du Souverain Pontife, puisqu'il n'y a point de rébellion là, où il n'y a point l'obligation d'obéir. Mais toutes et chacune des églises particulières sont-elles obligées d'obéir au décret solemnel du chef de l'église, et de professer la foi qui y est définie et proposée? Eh bien! de deux choses l'une; il faut que les Gallicans admettent, *ou* que le Souverain Pontife est infaillible et

ergo et Principes in temporalibus nulli Ecclesiasticæ Potestati Dei ordinatione subjici, neque authoritate Clavium Ecclesiæ, directè, vel indirectè deponi,

son décret irréformable et définitif par lui-même, où que toutes et chacune des églises particulières sont obligées d'embrasser et de professer non-seulement la même foi, mais les mêmes erreurs que le Souverain Pontife. Car il est très-possible, suivant les gallicans, que le vicaire Jesus-Christ se trompe dans ses décisions dogmatiques. Donc même dans ce cas malheureux, (car il faudra toujours obéir selon eux, au moins provisoirement), il faudra que toutes et chacune des églises particulières se trompent et embrassent l'erreur avec le Souverain Pontife au moins provisoirement, et cela sous peine de désobéissance, sous peine de déchoir de la catholicité. Mais alors toute l'église aura perdu la foi, au moins provisoirement; les portes de l'enfer auront prévalu contre l'église, au moins provisoirement; elle aura cessé, au moins provisoirement, d'être la colomne et l'appui de la vérité. Donc si le Souverain Pontife n'est pas infaillible, l'église n'est pas indéfectible. En vain pour éluder cette conséquence, les gallicans prétendront-ils que l'acceptation du décret Pontifical par la majorité des églises, en lui imprimant le sceau de l'infaillibilité, préserve suffisamment et efficacement l'église de toute erreur. Car cette prétention suppose que l'acceptation dont il s'agit, n'est pour les églises particulières, qu'un devoir purement arbitraire qu'il leur est libre de remplir ou de ne pas remplir, ou plutôt, que c'est de leur part un acte de supériorité et de Jurisdiction. Or les Gallicans n'oseroient dire que les églises particulières ont une pareille liberté, ou une telle supériorité; donc, puisque l'acceptation qu'elles font du décret pontifical n'est qu'un acte d'obéissance et de soumission indispensable pour conserver la communion catholique avec le chef de l'église, cette acceptation ne peut prouver rien autre chose, sinon que le Souverain Pontife est infaillible, et son décret intrinsèquemment définitif et irréformable.

dut illorum subditos eximi à fide atque obedientiâ, ac præstito fidelitatis sacramento solvi posse, eamque Sententiam publicæ tranquillitati necessariam, nec minùs Ecclesiæ, quam Imperio utilem, ut verbo Dei, Patrum traditioni et sanctorum exemplis consonam, omninò retinendam. Art. I ejusdem Declarationis.) Maxime captieuse et sophistique, en ce qu'elle suppose gratuitement et sans preuve, que dans ce que les gallicans appellent le temporel des rois chrétiens, il n'y a rien de spirituel, rien de relatif au salut éternel. D'où il s'en suivroit, (et tel est certainement le sens de ces Messieurs, l'idée qu'ils veulent insinuer et qu'ils ont l'intention qu'on adopte), d'où il s'en suivroit, qu'il n'y auroit rien de spirituel, rien de relatif au salut éternel, ni dans la personne des rois chrétiens, *considérés comme rois*, ni dans l'autorité temporelle qu'ils ont reçue de Jesus-Christ leur maître et leur premier Seigneur, ni dans l'usage qu'ils en font, pour le gouvernement civil et temporel des peuples chrétiens; conséquence absurde et même impie. Mais si cette conséquence est impie, absurde et même ridicule; si l'autorité temporelle des rois chrétiens, ou plutôt si l'exercice de cette autorité est de la part des rois chrétiens, une action morale, ou pour mieux dire, une suite d'actions morales qui appartiennent essentiellement à l'ordre des choses spirituelles, et qui aient un rapport nécessaire au salut éternel des rois et même des peuples chrétiens, comment les gallicans ont-ils osé avancer et soutenir une maxime aussi téméraire, aussi dangereuse, aussi scandaleuse?

Il faut donc expliquer et rectifier ainsi cette maxime; il faut admettre comme un principe qui appartient à la doctrine catholique, que les Souverains Pontifes, que l'église en vertu de l'autorité que Jesus-Christ leur a confiée sur les choses spirituelles et qui appartiennent au salut éternel, ont incontestablement, non pas des droits civils de souveraineté sur le temporel des rois et des princes chrétiens, mais des droits spirituels de direction et de juridiction sur la conduite publique et particulière des rois et des princes chrétiens, en sorte que les Souverains Pontifes sont principalement chargés et obligés de leur intimer, de leur rappeller et de leur faire observer les lois de Jesus-Christ et de son église, auxquelles ces rois, ces princes eux - mêmes se sont soumis comme chrétiens, en vertu desquelles ils règnent comme rois, comme princes chrétiens, et qu'ils ne peuvent en conséquence violer ouvertement et d'une manière scandaleuse, soit comme personnes publiques, soit même comme personnes privées, sans être responsables d'une telle transgression au for intérieur et même extérieur de l'église, laquelle, en vertu des lois du christianisme devenues fondamentales de tous les gouvernemens chrétiens, et pour le maintien de l'intégrité de la religion dans toute la catholicité, peut par le ministère de son chef et avec le concours des autres rois chrétiens ses enfants, et ses protecteurs, retrancher de la société du peuple de Dieu et dépouiller en conséquence de tout droit spirituel et civil, et de la dignité qu'il y possédoit, tel roi, tel prince chrétien, qui s'obstine et qui persiste dans sa rébellion contre Jesus-Christ et contre son église. (1)

―――――――――――――――――――――

(1) *Cardinalis Turrecremata duplicem temporalium rerum potestatem distinguit, Monarchicam scilicet et Pastoralem. Monarchicam appellat eam quæ hominem constituit Universi Monarcham, hoc est, quæ illum sic efficiat summum ac singularem rerum omnium Dominum, ut non solum ei liceat Monarchæ jus et nomen sibi ipsi vindicare, sed etiam suæ ditioni subditos, ad Principatus, Regna et Imperia, utcumque ei visum fuerit, assumere, assumptos*

Et quoi! la peine d'excommunication et de déchéance contre les rois et les princes réfractaires à la religion dominante dans leurs états, sera une loi fondamentale et inviolable chez les Maho-

verò etiam sine causâ ab iisdem Regnis deponere, et ea Regna de uno ad alterum, pro suæ voluntatis arbitrio, transferre; hujusmodi ergo potestatis genus existimat Romanum Pontificem jure Pontificatûs sibi usurpare non posse. — Cæterum Pastoralis rerum temporalium potestas ea est, quam Œcumencicum totius Christiani orbis Pastorem, ex Pastoralis curæ officio, habere decet, pro conservatione Ecclesiasticæ Hierarchiæ, et administratione et dispensatione spiritualium Ecclesiæ bonorum. Hanc quidem Romanus Pontifex Apostolico Jure et Evangelico præcepto habere cogitur. Cùm enim à Christo mandatum sit, ut velut universi Christiani ovilis Pastor, universum Christi gregem pascat, eique Claves datæ sint, quibus seu Janitor et Clavifer Regni cælestis, oves sibi traditas introducat ad æternam felicitatem, necessarium est, ut Principum, Regum et Imperatorum, qui primariæ sunt Christiani gregis oves, curam gerat, et summâ diligentiâ annitatur, ut eorum Dignitates, Imperia, Regna, cæteraque terrestria commoda serviant ad illustrandam Christi gloriam, ad propagandum Christianæ Religionis cultum, ad firmandam Ecclesiæ quietem et consequendam æterni Regni beatitudinem; in quam, ut scopum et finem regnandi ultimum, omnium Christianorum Regum Regna prospiciunt. Necesse est etiam ut ipse ingentem et assiduam adhibeat sollicitudinem, ne sæcularium Principum negligentiâ, aut malitiâ, hæreses, schismata, dissidia, bella atque alias his similia inter oves Apostolicæ curæ commissas, oriantur, et si exorta fuerint, ejus partes sunt, ut Principes Ecclesiasticæ pacis perturbatores primùm paternè admoneat, et juxta Pauli et Christi legem corrigat et corripiat. Deinde si monita neglexerint, eos Ecclesiasticis animadversionibus et censuris coërceat. Quod si forté in reprobum sensum traditi, has quoque contempserint, tum Pontifex (si tamen id Ecclesiasticæ tranquillitati expedire cognoscat) populos absolvere poterit à Juramento obedientiæ, quo se Dominis illis devinxerant, cum adhuc justè imperarent. Ei quoque licitum erit ipsos

métans et chez les Protestans ; et M. les Gallicans ne voudront pas admettre dans l'empire de Jesus-Christ, une loi si sage et si salutaire pour la vraie religion et pour les peuples chrétiens, ni que l'église catholique puisse suivre dans le bon sens les principes que l'infidélité et l'hérésie sçavent si bien suivre dans le mauvais ! Combien l'adulation et la flatterie rendent les hommes aveugles et inconséquens !

Mais en quoi les Gallicans se sont rendus infiniment repréhensibles et absolument inexcusables, c'est d'avoir abusé des paroles de Jesus-Christ même, pour étayer et pour accréditer une maxime aussi contraire aux intérêts des rois chrétiens, qu'à ceux d'une religion qui est le plus ferme apui de leurs trônes, et le plus sûr garant de la fidélité de leurs sujets ; c'est d'avoir porté les plus mortelles atteintes à la royauté temporelle de Jesus-Christ, considéré comme fils de l'homme, comme Christ, pour anéantir avec plus de succès les droits sacrés de son vicaire et de son église, sur les rois et les princes chrétiens ; en un mot, c'est d'avoir donné comme un principe constant, comme une vérité qui appartient à tous les tems, que le royaume de Jesus-Christ est nul dans ce monde, même depuis que le règne de ce monde est devenu le règne de notre Seigneur et de son Christ ; et cela pour en tirer cette

---

Dominos, ut incorrigibiles et Ecclesiæ rebelles, Principatuum suorum Jurisdictione privare, et eorum jura ad alios Orthodoxos transferre, convocatis etiam, si opus fuerit, militaribus piorum Ducum et Regum auxiliis, ad correctionem rebellantium filiorum ; quod et gravissimi scriptores testantur olim et sæpe et jure factum à Romanis Pontificibus. Sixtus Senensis Lib. 6, Bibliothecæ sanctæ.

cette conséquence téméraire et paradoxale, que les Souverains Pontifes, vicaires de Jesus-Christ sur la terre, ni l'église dépositaire de la double autorité de cet Homme-Dieu, n'ont point de droit sur ce qu'il plait à ces Messieurs d'appeler sous un terme équivoque et dans une intention captieuse le temporel des rois. De quoi l'esprit de parti, l'esprit d'orgueil et d'insubordination n'est-il point capable, lorsqu'on s'y abandonne et qu'on s'en laisse emporter ? Mais s'il n'est point d'outrage plus injurieux pour Jesus-Christ, ni plus attentatoire à sa dignité royale, il n'en est pas non plus qui ait attiré plus de malheurs sur la France, devenue depuis longtems complice de cet attentat, en provoquant contre elle la vengeance de celui dont la royauté a été ainsi méconnue et abjurée. *Verumtamen inimicos meos illos, qui noluerunt me regnare super se, adducite hùc et interficite ante me. (Luc. 19.)*

Quoiqu'il en soit, tel est l'Analyse, le Sommaire de la doctrine des Gallicans, et la teneur des quatre articles de l'imprévoyante assemblée de 1682, qui, en établissant une telle doctrine aux yeux de toute la France, n'a pas vu, ni voulu voir qu'elle consacroit, d'une manière authentique et solemnelle, le germe et les principes d'une fausse liberté, dont les conséquences devoient être si désastreuses pour cette belle portion de l'empire de Jesus-Christ.

Et les Gallicans auront beau vouloir la disculper et se disculper eux-mêmes de leurs torts communs et des reproches qu'ils méritent ; ils auront beau dire qu'en maintenant cette doctrine, qu'en défendant par-là leurs libertés gallicanes, ils n'ont eu d'autre intention que de se prémunir contre les actes de despotisme et les abus d'autorité de la cour de Rome, et de mettre un frein

F.

à ses prétentions excessives et révoltantes; on sait que voilà le retranchement ordinaire de tous les hérétiques, de tous les factieux, de tous les ennemis de l'église; et tout ensemble le prétexte spécieux et le grand mobile des révolutions.

Car en supposant la réalité des abus d'autorité de la cour de Rome, et l'excès de ses prétentions, étoit-ce ainsi qu'il falloit s'y prendre pour s'en garantir, et ne le pouvoit-on pas et ne le devoit-on pas faire, en respectant les principes, sans toucher aux principes, par voie de remontrances et de représentations respectueuses et chrétiennes? Falloit-il, pour se préserver de quelques abus inévitables dans un gouvernement d'une si vaste étendue, s'étudier et s'obstiner à lui ôter imprudemment sa force et sa dignité, (*) et à lui faire perdre insensiblement le respect et la confiance des peuples, qui lui sont si nécessaires, pour faire recevoir et exécuter les lois disciplinaires, pour prévenir et réprimer les abus dans toute la catholicité? Falloit-il, en restreignant, en rabaissant et en rendant nulle, ou presque nulle dans la pratique, l'autorité du Souverain Pontife, du chef de l'église, donner au peuple français l'exemple, et lui inspirer l'idée et la hardiesse de restreindre, de rabaisser et même d'anéantir l'autorité de son roi? Falloit-il pour s'opposer aux prétentions antiques et momentanées de quelques Souverains Pontifes, qui, pour les soutenir, n'ont jamais interposé ni compromis l'autorité pontificale, s'en prendre et porter atteinte aux attributs essentiels de cette immuable autorité, qui fait toute la force et toute la solidité de l'église, et par-là ouvrir la porte aux excès multipliés, plus conséquens et plus durables de l'insubordination et de la révolte? Falloit-il,

___

(*) Voyez aussi A. Muzarrelli : *Abus dans l'église.*

pour affermir l'autorité de nos rois, et sous prétexte de la défendre contre des prétentions qui n'existoient pas, les flatter, les tromper et par conséquent les trahir eux-mêmes ces rois, au point de les déclarer au temporel, c'est-à-dire, dans l'exercice de leur autorité, libres, indépendans sous tous les rapports de la puissance ecclésiastique, et exempts *comme rois* de toute responsabilité devant le Souverain Pontife, devant l'église elle-même? Falloit-il, pour leur assurer une liberté aussi étrange, une indépendance aussi dangereuse pour eux-mêmes, que pernicieuse pour l'église et pour leurs propres états, porter l'obstination et l'audace, jusqu'à méconnoître, jusqu'à abjurer authentiquement et solemnellement l'autorité royale et temporelle de Jesus-Christ homme, laquelle est essentiellement la source et le fondement de celle des rois, et spécialement des rois et des princes chrétiens? *Princeps Regum terræ.* (*Apocalyp.* 1.) Falloit-il par cette abjuration aussi impolitique, qu'anti-chrétienne, ébranler le trône de nos rois jusques dans ses fondemens, lui ôter son plus ferme apui, son apui naturel, le rendre étranger à Jesus-Christ et à son église, et ne lui laisser plus d'autre base que l'inconstance et la versatilité de l'enthousiasme et de l'opinion? En un mot falloit-il jamais, sous quelque pretexte que ce fût, abandonner et proscrire, comme on l'a fait, les principes fondamentaux de la chrétienté, des principes reconnus et avoués de toutes les puissances catholiques, et qui étoient le boulevard de toute la catholicité? (1)

---

(1) Non, sans doute; et jamais on n'eut pensé à porter atteinte à des principes aussi salutaires, si on avoit voulu se maintenir dans les bornes antiques et légitimes de l'obéissance, de la subordination dues au Souverain Pontife, au chef de l'église, au vicaire

III.

Le Système gallican première et principale cause de la révolution dans l'ordre Ecclésiastique et spécialement dans l'ordre Civil.

COmment les Gallicans pourront-ils jamais pallier, excuser de pareils attentats? mais comment pourront-ils sur-tout se justifier sur l'inculpation d'avoir contribué, coöpéré principalement et directement, autant par leur exemple, que par leur Système, à cette révolution incroyable dont nous sommes les victimes, et qui n'est en elle-même et de sa nature qu'une rébellion audacieuse, qu'une révolte directe et prononcée contre l'autorité Sacerdotale et l'autorité royale de Jesus-Christ même? Car c'est à Jesus-Christ que les impies révolutionnaires en veulent par-dessus toutes choses, et s'il est dans leurs principes monstrueux et dans leurs vues détestables de travailler de toutes leurs forces au renversement du St.-Siége et de tous les trônes de la chrétienté,

---

de Jesus-Christ; mais ce parti, le seul conforme aux règles de la modération et de la sagesse chrétienne, ne plaisoit pas, ou, pour mieux dire, ne plaisoit plus. L'amour de l'indépendance et d'une fausse célébrité flattoit davantage; on vouloit se livrer à leurs charmes trompeurs; on vouloit suivre les élans du caractère national; on vouloit, pour se distinguer des autres nations et s'émanciper des lois communes; on vouloit à tout prix étayer et défendre de prétendues libertés. Il falloit donc modifier, obscurcir, c'est-à-dire, sacrifier les anciens principes. Eh bien! on les a modifiés, on les a obscurcis, on les a sacrifiés.

ce n'est qu'afin d'anéantir, s'ils le peuvent, la double autorité de Jesus-Christ dont le Souverain Pontife et les rois chrétiens sont respectivement dépositaires, et qu'ils exercent en son nom et comme tenant sa place. Or les Gallicans peuvent-ils se flatter de n'avoir rien à se reprocher à cet égard et de n'avoir favorisé en rien ce mystère d'iniquité ? Oseroient-ils bien le prétendre, oseroient-ils bien le dire, après toutes les atteintes qu'ils ont portées à cette double autorité ?

En effet n'ont-ils pas, tout en confessant, tout en exaltant l'autorité Sacerdotale de Jesus-Christ en elle-même, ne l'ont-ils pas ébranlée cette suprême autorité ? Ne lui ont-ils pas donné la plus violente commotion, en disputant la souveraineté, en dernier ressort, au Souverain Pontife, à qui Jesus-Christ en a confié la plénitude et la principauté ; en la lui arrachant, en la lui enlevant avec obstination, pour la faire passer, la faire résider dans le corps des évêques qui, selon eux, représentent l'église, et dont ils font dépendre le Souverain Pontife, même comme Souverain Pontife, lequel sans doute n'est pas en état, ou n'est pas digne de représenter l'église dont il est le chef suprême, quoiqu'il représente comme tel, Jesus-Christ lui-même ? Et quant au degré, à la mesure d'autorité qu'ils ont bien voulu reconnoître dans ce chef visible de l'église, ne l'ont-ils pas restreinte, affoiblie, entravée, au point de la rendre nulle dans la pratique, en prétendant, en exigeant que l'exercice en soit réglé selon les anciens canons, c'est-à-dire selon des canons abrogés en grande partie dans l'église, et qui n'avoient plus d'autorité, que celle qu'il plaisoit à ces messieurs de leur attribuer ? Or en arrêtant, en enchaînant ainsi arbitrairement l'exercice de ce reste d'autorité, n'ont-il pas par contre-coup rendu problématiques, arbitraires et par-là même nuls les devoirs essentiels de la subordination qui lui est due? C'est-à-dire en deux mots que tout en reconnoissant l'autorité Sacerdotale de Jesus-Christ en elle-même et dans la spéculation, ils l'ont abjurée et anéantie véritablement dans la pratique et pour la pratique: *Confitentur se nosse Deum, factis autem negant.* (*Tit.* 1.) Et c'est à ce prix qu'ils ont établi et maintenu leurs criminelles libertés; c'est ainsi qu'ils ont levé les premiers l'étendard de la révolte et de la rébellion contre l'autorité Sacerdotale de Jesus-Christ, et qu'ils en ont préparé et favorisé la ruine complette et l'anéantissement total en France. Car l'autorité du Souverain Pontife une fois affaiblie, déprimée, rendue odieuse et presque nulle par le Système gallican, il s'en suivoit que l'autorité épiscopale devoit éprouver insensiblement à plus forte raison les mêmes déchets, les mêmes pertes, les mêmes dépérissemens, et qu'à la fin toute l'autorité ecclésiastique devoit passer dans les mains de la puissance civile; et voilà en effet ce qui a commencé du tems même de nos parlemens, et ce qui devoit se consommer d'une manière plus expresse dans un tems de révolution. (1) *Superbia eorum, qui*

---

(1) On sait que la constitution prétendue civile du Clergé a été établie sur ces deux bases; sur la nullité de l'exercice de l'autorité du Souverain Pontife en France, et sur la restriction et l'oppression de l'autorité épiscopale. Que l'on remonte à la source de ces attentats, et on la trouvera dans les atteintes portées par le système gallican à l'autorité suprême et tutélaire du chef de l'église. Car encore une fois, c'est en la rendant odieuse et nulle dans la pratique, que les gallicans ont enhardi et autorisé les impies de l'assemblée constituante à en proscrire tout-à-fait l'exercice en France. Quant à l'état d'abjection et de

te oderunt, ascendit semper, Psal. 73. *Abyssus abyssum invocat.* Psal. 41.

Mais ces atteintes portées par les Gallicans à l'autorité Sacerdotale de Jesus-Christ, ne sont nullité où ces impies ont réduit l'autorité des évêques constitutionnels, c'est encore une suite non moins frappante du Système gallican. Car enfin le gouvernement d'une église particulière ne peut pas être plus parfait, ou plutôt ne peut pas être plus absolu, ni plus despotique, que le gouvernement-général de toute l'église. Donc, si le gouvernement-général de l'église, confié en toute Souveraineté à St.-Pierre et à ses successeurs, doit être, selon les Gallicans, tempéré par l'aristocratie des évêques, le gouvernement d'une église particulière, confié à chaque évêque, doit l'être à plus forte raison par celle des prêtres de son diocèse. Or le corps épiscopal représentant l'église universelle, selon les mêmes Gallicans, a le droit de modifier, d'étendre ou de restreindre les pouvoirs annexés par Jesus-Christ à la juridiction universelle du chef de l'église. Donc le corps Presbytéral représentant l'église particulière du diocèse, doit avoir les mêmes droits sur les pouvoirs attachés à la Juridiction Episcopale. Autrement le despotisme que les Gallicans prétendent réprimer dans le Souverain Pontife, et faire disparoître du gouvernement-général de l'église, se trouveroit établi dans chaque église particulière, et exercé par chaque évêque sur son diocèse. Donc l'assemblée constituante, en soumettant chaque évêque à ses vicaires épiscopaux, en leur accordant voix délibérative et décisive dans le conseil épiscopal, et en ordonnant que tous les actes de la Juridiction épiscopale seroient déterminés et réglés à la pluralité absolue des suffrages, cette assemblée, dis-je, est entrée parfaitement dans l'esprit du Système gallican. Donc ses erreurs et ses attentats, et contre l'autorité Papale et contre l'autorité Episcopale, ne sont qu'une suite et une conséquence naturelle des erreurs et des attentats des Gallicans contre l'autorité suprême du chef de l'église.

rien, pour ainsi dire, en comparaison des attentats qu'ils se sont permis contre l'autorité royale de ce Dieu-homme, confiée en toute souveraineté aux rois et aux princes chrétiens; et c'est ici qu'ils ont contribué plus efficacement encore à la révolution, en préparant, en facilitant le renversement du trône très-chrétien, l'anéantissement de l'autorité royale en France, et par-là l'établissement du gouvernement populaire et républicain, qui en a été la suite. Mais quoi! les grands hommes, les hommes de génie, les plus grandes lumières de l'église de France, qui composoient l'assemblée de 1682, un Bossuet qui en étoit l'ame et qui la dirigeoit! quoi! ces hommes célèbres, si distingués par leur attachement à la monarchie française et à l'autorité de ses monarques, auroient porté des atteintes essentielles à cette monarchie et à l'autorité de ses rois?... Oui, ces grands hommes avec toutes leurs lumières, et le grand Bossuet lui-même avec tout son génie, en voulant faire prévaloir en France un faux Système de prétendues libertés, un Système d'insubordination à l'égard de l'Eglise Romaine, d'apostasie et de rébellion contre la royauté temporelle de Jesus-Christ; oui, ces grands hommes, tant qu'on voudra, n'en sont pas moins de très-grands prévaricateurs, qui ont changé, dénaturé, dégradé, décatholicisé et même déchristianisé *de droit* la monarchie française, et

---

Aussi, il y a long-tems que l'on a fait cette observation : *Dum Papa et Caput omnium Episcoporum impugnatur, non unus solùm Episcopus est, sed totus universim Episcopatus, qui periclitatur.* S. Avitus Viennensis. — *Certum est quia, languente capite, nequeunt membra consistere, nec possunt rivuli non arescere, fonte siccato. Salus ecclesiarum omnium profectò ex Romanæ Sedis præcellentiâ et summâ authoritate dependet.* Enæas Cardinalis. Epist. 338.

par-là ébranlé et détruit les vrais fondemens de l'autorité de ses rois très-chrétiens. Et en effet avant la déclaration licentieuse dont ils ont été les rédacteurs, et pour la sanction de laquelle ils ont invoqué non l'autorité de l'église, mais l'autorité incompétente du monarque, le Système gallican avoit déjà fait en France des progrès effrayans, il est vrai; il avoit trouvé dans les universités grand nombre de partisans mal-avisés qui depuis longtems l'enseignoient comme doctrine nationale; en un mot la cour et les parlemens, peu en garde contre ses conséquences désastrueuses, l'avoient adopté *de fait*, et le suivoient à-peu-près dans la pratique, cela est encore vrai; mais enfin il n'avoit pas acquis le crédit et la prépondérance absolue sur les anciens principes; il n'avoit pas obtenu le privilège exclusif de l'enseignement public dans toutes les écoles du royaume; il n'avoit pas été solemnellement érigé en principes fondamentaux de droit public ecclésiastique et civil; il n'avoit pas été sanctionné comme loi de l'état, enrégistré dans les parlemens, et dans tous les tribunaux du royaume. La monarchie française pouvoit donc encore reconnoître, et *de droit* elle reconnoissoit encore Jésus-Christ homme, pour son premier roi, son premier législateur dans l'ordre même politique. Elle se glorifioit encore d'être une des plus belles portions du nouvel empire que cet Homme-Dieu, après sa victoire sur l'Idolatrie, avoit élevé sur les ruines de l'ancien empire, de l'empire païen; et ses rois très-chrétiens devoient encore se regarder et se regardoient encore non-seulement comme les dépositaires et les ministres de son autorité royale, chargés de protéger les lois de sa religion, et obligés d'en respecter et d'en suivre les principes dans tous les actes de leur gouvernement, mais ils se reconnoissoient même comme ses sujets et ses vassaux, et sous ce rapport soumis eux-mêmes les premiers à ces lois inviolables dans leur conduite individuelle. C'étoit dans la cérémonie de leur Sacre, qu'ils avoient contracté ces obligations indispensables, qu'ils avoient juré foi et hommage à ce souverain dominateur de toute chrétienté; et l'onction sainte n'avoit été répandue sur leurs Augustes Personnes, et ils n'avoient été consacrés pour être ses représentans et ses lieutenans sur la terre dans l'ordre civil, que sur la promesse et après les sermens les plus solemnels, non-seulement de maintenir de tout leur pouvoir les droits spirituels et temporels de son église, mais de respecter, d'embrasser, de prendre pour base de l'exercice de leur autorité et pour règle de leur gouvernement politique, les lois vénérables de sa religion, devenues depuis l'établissement de son nouvel empire, fondamentales de tous les états, de tous les royaumes, de toutes les républiques, qu'il avoit bien voulu y aggréger. Ce n'étoit qu'à ces conditions qu'ils montoient, qu'ils s'asseyoient sur le trône de leurs ancêtres, devenu le trône de Jesus-Christ même; qu'à ces conditions qu'ils étoient reconnus pour monarques légitimes dans l'église, dans l'empire de Jesus-Christ, dans la chrétienté; et leur élection, ou leur droit héréditaire à la couronne, résultant d'une élection primitive, n'étoit ratifié en leur faveur et ne devenoit incontestable et sacré, qu'en les remplissant solemnellement et religieusement. Tels étoient les fondemens et les devoirs essentiels de la monarchie française depuis son incorporation à l'empire de Jesus-Christ; tels étoient les obligations et les droits inviolables de ses rois très-chrétiens.

Mais depuis que le Système gallican, érigé en principes publics par l'assemblée de 1682, a prévalu en France et qu'il est devenu loi de l'état, qu'en est-il résulté? Une altération essentielle, une révolution sacrilege, une subversion totale dans les principes fondamentaux de la monarchie française et de l'autorité de ces monarques. La royauté de Jesus-Christ qui lui appartient même *selon son humanité* en qualité de chef suprême de toute la chrétienté, et qui est véritablement *temporelle, en tant qu'elle est confiée aux rois et aux princes chrétiens, et qu'elle a pour objet le gouvernement civil et temporel des peuples Chrétiens*, cette royauté qui est une des prérogatives essentielles de cet Homme-Dieu, a été obscurcie, méconnue, entièrement et positivement abjurée, et n'a été admise que dans le sens mystique et spirituel du règne éternel qui appartient au verbe dans le sein de son père. L'Empire, qu'il est venu fonder sur la terre, dont il est tout-à-la-fois le Pontife et le roi par excellence, et qui est composé de toutes les nations, de tous les peuples, de tous les royaumes, de toutes les républiques, de tous les états, qu'il a soumis à son évangile, et auxquels il a fait et donné la loi, cet Empire, le seul dominant, le seul qui subsiste, depuis la destruction de l'Empire païen dont il a pris la place, n'a plus été reconnu que dans un sens purement intérieur, entièrement spirituel et pour ainsi dire, idéal, en un mot tel qu'on pouvoit le concevoir sous les empereurs Idolâtres, avant que Jesus-Christ par suite de sa victoire sur le Démon, le prince de ce monde, n'eût renversé leur Trône, anéanti leur domination, enlevé et emporté leurs armes, partagé et distribué leurs dépouilles. Voilà les deux grands principes de M. les gallicans, les deux principaux retranchemens à la faveur desquels ils ont établi leur Système touchant l'indépendance de nos rois, et défendu leurs précieuses libertés. Voyons les conséquences qui en dérivent, et qu'ils en ont tirées pour le malheur de la France.

La royauté et l'empire de Jesus-Christ étant ainsi modifiés, déterminés et restreints à un sens purement spirituel, entièrement exclusif de tout droit civil et temporel, que s'ensuivoit-il d'abord et qu'en ont-ils conclu? Il s'ensuivoit que la monarchie française, cette illustre portion de la société publique et politique du peuple de Dieu, des chrétiens, étoit affranchie *de droit* et naturellement dispensée de tout rapport essentiel de dépendance et de subordination envers Jesus-Christ dont elle ne reconnoissoit plus la royauté temporelle, et envers l'église romaine dont elle n'étoit plus obligée d'entendre la voix, encore moins les réclamations en faveur de la royauté de son divin époux. Et les gallicans en ont conclu en effet, que la monarchie très-chrétienne, ainsi que toutes les autres parties de la chrétienté, étoit *de droit* aussi indépendante de Jesus-Christ et de son église, que les anciennes monarchies de la gentilité et du paganisme. Dès-lors les lois du christianisme ne devoient plus être et n'avoient même jamais dû être lois fondamentales de sa constitution politique. Jesus-Christ comme Pontife des biens invisibles de la grace et de la gloire, avoit bien pu par lui-même dans les jours de la vie mortelle, et il pouvoit encore par le ministère de celui et de ceux, qui le représentent sur la terre en cette qualité, commander et faire des lois dans l'ordre spirituel et surnaturel; ce droit ne lui étoit pas contesté, et les gallicans lui avoient réservé ce pouvoir tout entier et exclusif, au moins dans la spéculation. Mais toute son autorité se bornoit là désormais; sa royauté temporelle étant nulle d'après leur Système, ou plutôt étant anéantie et proscrite en France à

la

la faveur et par suite de leur Système, il ne pouvoit plus rien dans l'ordre civil et politique ; il n'avoit plus le droit d'y faire prévaloir et dominer les maximes salutaires de sa religion, ni les lois sacrées de son église ; et la France, soustraite *de droit* à son autorité royale et temporelle, détachée et séparée *de droit* du reste de la chrétienté, non seulement n'étoit plus obligée de reconnoître son autorité même sacerdotale, ni de recevoir les lois qui en émanoient ; mais après l'avoir dégradé, détrôné comme roi, après avoir dit par l'organe de ses gallicans dans le même sens que les juifs rebelles : *nous ne voulons point que celui-ci règne sur nous* (*Luc.* 19) ; *nous n'avons point d'autre roi que César* (*Joan.* 19), (1) elle pouvoit impunément, en vertu de son indépendance naturelle et imprescriptible, abjurer sa doctrine, proscrire ses lois, le persécuter, le déporter, le mettre à mort une seconde fois comme Pontife, sinon dans sa personne, au moins dans celle de ses ministres et de ses fidèles serviteurs. Voilà les conséquences naturelles, mais terribles du Système et des principes gallicans. Aussi depuis l'époque de leur trop fameuse déclaration, les lois de Jesus-Christ ont-elles cessé insensiblement d'être reconnues *de droit*, comme lois fondamentales de la Monarchie française, du royaume très-chrétien. Elles pouvoient bien encore par l'effet de l'habitude, et à défaut d'autres lois, elles étoient encore comptées pour quelque chose dans l'ordre civil, mais elles avoient perdu *de droit* dans la monarchie et sur

───────────

(1). On est d'autant plus fondé à mettre dans la bouche des gallicans, ces paroles des juifs rebelles à Jesus-Christ, qu'elles ne sont que l'expression de leurs sentimens les plus formellement prononcés contre la royauté temporelle de cet Homme-Dieu.

G

la monarchie française leur prééminence et leur influence exclusive. Elles étoient encore, à certains égards, suivies dans la pratique, et dirigeoient encore par le fait les différentes fonctions et les actes du gouvernement ; mais ce n'étoit plus que d'une manière précaire et provisoire, d'une manière foible, imparfaite, languissante. Ces lois divines étoient étrangères et déplaisoient à une monarchie devenue elle-même étrangère à Jesus-Christ et à son église, et l'adoption solemnelle et exclusive qu'elle avoit faite du Système gallican, provoquoit et entraînoit nécessairement une régénération, un renouvellement, un changement total dans sa législation et dans sa constitution. Voilà le premier abyme dans lequel les principes gallicans ont précipité la monarchie française et très-chrétienne ; voilà comme ils ont attaqué et détruit les fondemens essentiels de sa constitution ; voilà comme ils ont commencé à la décatholiciser et même à la déchristianiser, comme ils l'ont conduite sur le bord de la révolution, comme ils ont préparé et provoqué cette révolution.

Ce n'est pas tout : après des changemens aussi essentiels dans les principes fondamentaux de la monarchie française et de sa constitution, il n'étoit plus possible que l'autorité de ses monarques eût encore la même consistance et la même stabilité. En effet la monarchie étant une fois reconnue indépendante dans le sens des Gallicans, c'est-à-dire, exempte de tout rapport de subordination avec Jesus-Christ comme chef de toute la chrétienté, et avec son église comme revêtue de sa double puissance pour maintenir efficacement les lois de son divin Empire, les rois de France, comme chefs de la monarchie, comme dépositaires de ses droits politiques, chargés de soutenir son indépendance contre Jesus-Christ même, et de la faire reconnoître et prévaloir malgré les réclamations de son église, les rois de France n'étoient plus *de droit* les ministres, les représentans de Jesus-Christ, encore moins ses sujets et ses vassaux; ils n'étoient plus que de nom les fils aînés de l'église. Aussi leur autorité ne fut-elle plus regardée comme une participation de l'autorité royale de Jesus-Christ homme, mais comme une émanation de l'autorité du Dieu de la nature, considéré comme Verbe, comme Créateur et conservateur de la nature, abstraction faite et indépendamment de son incarnation et de ses qualités de roi, de triomphateur, de législateur et de juge des nations qu'il a soumises à son empire, qualités qui lui conviennent néanmoins essentiellement même selon son humanité sainte, mais que les Gallicans, en divisant, en séparant par un attentat hérétique, le VERBE d'avec JESUS, avoient appris à ne reconnoître plus que dans un sens tout spirituel, exclusivement relatif au Verbe de Dieu dans le sein de son père. Le trône des rois très-chrétiens ne fut donc plus fondé, appuyé sur le trône de Jesus-Christ, identifié avec le trône de Jesus-Christ; il n'eut plus d'autre fondement que la religion naturelle, que le Déisme, d'autre soutien que l'enthousiasme, que l'opinion nationale; et le peuple français ne dut plus voir et ne vit plus dans son roi le successeur des Clovis, des Charlemagne, des Saint-Louis, et le représentant de Jesus-Christ, mais le successeur des Pharamond, des Clodion, et le représentant du Dieu de la nature. Ainsi les rois très-chrétiens furent dispensés de faire hommage à Jesus-Christ de leur sceptre, de leur couronne, de tous leurs droits; leur sacre ne fut plus qu'une cérémonie inutile qui ne signifioit plus rien, et les sermens qu'ils y prêtoient comme sujets de Jesus-Christ, comme dépositaires de son autorité royale, qu'une vaine formule qui n'obligeoit plus à rien; (1) et non-seulement ils ne relevèrent plus en rien de Jesus-Christ, *comme rois*, non-seulement ils ne durent plus rien *comme rois*, ni à son église, ni à sa religion, mais ils ne furent plus tenus même comme particuliers, ni de reconnoître l'une, ni de professer l'autre. La qualité de roi dans un royaume très-chré-

---

(1) Aussi, lorsqu'à l'avénement de Louis XVI à la couronne, il fut question de la cérémonie de son sacre, on délibéra dans son Conseil, si cette cérémonie auroit lieu, tant elle étoit regardée généralement comme inutile et superflue d'après les gallicans. Cependant on se décida pour l'affirmative, et Louis XVI fut sacré; mais le prédicateur eut soin, pendant la cérémonie, de prévenir les conséquences frappantes qu'on en pouvoit tirer en faveur de la royauté temporelle de Jesus-Christ, et de la dépendance de nos rois à l'égard de cette royauté, en annonçant hautement en présence du peuple étonné, et conformément à la doctrine gallicane, que cette cérémonie n'étoit point obligatoire pour le roi, ni essentielle à sa charge. *Regum consecratio neque à Deo est universim instituta, neque huic officio absolutè necessaria, sive, ut aiunt, essentialis est. Defensio decl. cleri gallic. Part.* 1 *lib.* 1 *sect.* 2. *cap.* 3. C'est ainsi que pour maintenir un pernicieux Système d'indépendance et d'adulation, on en est venu au point de déprimer imprudemment dans l'esprit de la nation entiere l'usage indispensable d'une cérémonie d'autant plus nécessaire, d'autant plus avantageuse pour nos rois très-chrétiens, que d'elle seule résultoit et pouvoit résulter efficacement et sensiblement l'inviolabilité de leurs personnes et de leur autorité, puisque c'étoit Jesus-Christ lui-même par le ministère de ses Pontifes, qui, dans leur consécration, scelloit du sceau de Dieu même et confirmoit tellement leur droit de succession héréditaire, que, quoique fondé sur le consentement de la nation, il n'étoit plus en son pouvoir de le révoquer, ni de l'annuller dans aucun cas, ni sous quelque prétexte que ce pût être.

tien, fut absolument indépendante de la qualité de chrétien, et la qualité de chrétien dans un royaume très-chrétien, ne fut plus qu'accidentelle à la qualité de roi. Il en fut de même à plus forte raison, de la qualité de chrétien par rapport à celle de citoyen. Les rois très-chrétiens, les fils aînés de l'église, en vertu des principes gallicans, eurent donc le droit qu'ils n'avoient certainement pas auparavant, de professer et de protéger indifféremment toutes les sectes, toutes les religions, tous les cultes; ils eurent le droit de déposer la qualité de roi très-chrétien, pour prendre celle de roi constitutionnel; en un mot ils eurent le droit de se décatholiciser et de se déchristianiser eux-mêmes ainsi que leurs états. Voilà les étranges prérogatives, dont les rois de France furent redevables aux principes des Gallicans; voilà les privilèges incroyables qu'ils leur ont attribués. C'est ainsi qu'après avoir attaqué, nié, anéanti l'autorité royale et temporelle de Jesus-Christ, après avoir changé, dénaturé, dégradé la monarchie très-chrétienne, méconnu, proscrit, abjuré ses principes constitutionnels, ils ont du même coup ébranlé, détruit, renversé les vrais fondemens de l'autorité de ses monarques.

Ces attentats sont inouis sans-doute, ils sont inexcusables; et voilà cependant jusqu'où l'esprit de Système les a aveuglés, jusqu'où ils ont porté l'envie de faire prévaloir contre l'Eglise Romaine les prétendues libertés de leur Eglise Gallicane. Car il est évident, et M. les Gallicans sentoient fort bien, qu'il ne suffisoit pas, pour l'affermissement de ces libertés, d'avoir mis des restrictions et des entraves à l'autorité du Souverain Pontife, mais qu'ils avoient besoin, pour les soutenir efficacement, d'être aidés et soutenus eux-mêmes par l'autorité royale. Il falloit donc se concilier à cet effet la faveur et la protection de nos rois ; il falloit, pour les attacher à ces libertés, leur en faire partager les spécieux, mais funestes avantages. Mais il falloit avant tout mettre en sûreté leurs intérêts personnels, et les prémunir contre les terribles, mais justes effets des peines canoniques, des foudres de l'église. Car ils avoient à lutter contre l'église Romaine, la mère et la maîtresse de toutes les églises ; et il étoit à craindre sans doute que cette église, chargée de maintenir par le ministère de son chef et des princes chrétiens, les liens essentiels de la vraie subordination, dans toutes les parties de l'empire de Jesus-Christ, ne fit tôt ou tard usage de sa double puissance, pour réprimer efficacement des principes et des actes d'insubordination et de rebellion, déguisés et palliés sous le nom moins odieux de libertés de l'Eglise Gallicane. Il falloit donc parer une bonne fois à ce redoutable inconvénient ; il falloit les soustraire entièrement, *comme rois*, à l'autorité coercitive de l'Eglise Romaine, et alors ses menaces, ses censures, tous ses efforts devenoient impuissans et même nuls, et pour le coup les libertés de l'Eglise Gallicane, étoient hors d'atteinte.

Or voilà ce que M. les Gallicans de 1682 avoient en vue et ce qu'ils ont prétendu effectuer par le 1.er article de leur déclaration. Et c'est ici que ces Messieurs, oubliant ce qu'ils devoient à Jesus-Christ et à son église, à la monarchie française et à ses rois, et ce qu'ils se devoient à eux-mêmes, n'ont pas craint d'avancer, de consacrer des principes nouveaux, destructifs de la royauté temporelle et de l'empire de Jesus-Christ, subversifs par conséquent de la monarchie française et de l'autorité de ses monarques; et comment ? En invoquant par un attentat digne de tous les anathêmes, en invoquant, contre les plus grands intérêts de Jesus-Christ, le témoignage subreptice de Jesus-Christ; même en donnant comme des maximes constantes enseignées par cet Homme-Dieu, et applicables à tous les tems, que le royaume de Jesus-Christ, sous prétexte qu'il n'étoit pas de ce monde, étoit nul dans ce monde, c'est-à-dire aussi étranger dans ce monde depuis, qu'avant sa victoire sur le monde, et sur le prince de ce monde; (1) que la puissance civile, l'autorité des rois même chrétiens, étoit telle aujourd'hui, qu'elle étoit du tems des Césars, c'est-à-dire aussi étrangère à Jesus-Christ, aussi indépendante de Jesus-Christ homme, que l'étoit celle des Césars, lorsque cet Homme-Dieu, avant la conquête des nations qu'il devoit assujettir à son empire, disoit par lui-même : *Rendez à César, ce qui est de César*; et par son Apôtre; *Que toute ame soit soumise aux puissances supérieures*. Car voilà les passages dont ils ont abusé, et le sens hérétique qu'ils leur ont donné, pour affranchir nos rois très-chrétiens de toute responsabilité devant l'Eglise Romaine, et les garantir, les mettre à couvert de tous les effets de sa puissance coercitive. Voilà comme ils ont donné par-là à leur autorité royale une extension arbitraire

---

(1) *Protestantes qui ferre non possunt, ut caro spiritui, aut ut Regnum temporale spiritali cedat, ante omnia nobis opponunt illud verbum Christi :* Regnum meum non est de hoc mundo. *Huc enim ea verba detorquent, velut Ministri Ecclesiæ Christi, quæ est Regnum cælorum; nullam potestatem in Reges Christianos aut in eorum regna terrena, causasque illis subjectas, ullo unquam tempore habeant, quia Regnum ipsius Christi non est de hoc mundo. Sed nimium fœde in hac re falluntur; aliud est enim Christi Regnum non esse de hoc mundo, et longè aliud Regnum Christianum, quod in hoc mundo est, Christo et Ministris Christi non subjici.* Sanderus lib. 2 de visibili Monarchia Ecclesiæ.

et illimitée; voilà comme ils les ont rendus tout-puissans contre l'église et contre Jesus-Christ même. (1)

Mais ces principes étoient trop généraux pour ne provoquer que cette conséquence particulière; ils en comprenoient bien d'autres qu'il importe de déduire et d'articuler, pour faire connoître à fonds les détestables influences du Système gallican. Car en supposant, en établissant comme des vérités qui appartenoient à tous les tems, que la royauté de Jesus-Christ étoit nulle dans ce

___

(1). A la faveur d'une pareille indépendance et d'une telle puissance, les rois très-chrétiens pouvoient dorénavant tout oser, tout entreprendre contre l'église et contre ses droits les plus sacrés; ils pouvoient hautement et impunément, soit par eux-mêmes, soit par leurs ministres ou leurs parlemens, fermer la bouche au Souverain Pontife et humilier l'église Romaine. Ils pouvoient donc maintenir tout à leur aise les libertés de l'église gallicane, contre les réclamations désormais impuissantes du Souverain Pontife et du St.-Siége Apostolique. Eh bien! ils les ont maintenues ces prétendues libertés; ils les ont maintenues, mais dans ce qui favorisoit leurs intérêts, dans ce qui augmentoit leur puissance. Ils les ont maintenues, mais pour asservir l'Episcopat et pour faire la loi aux évêques. Ils les ont maintenues, mais au détriment et au préjudice des droits et de l'autorité des églises de France, et des Gallicans eux-mêmes. Voilà, en attendant les faveurs de la révolution, tout l'avantage provisoire et là-compte, pour ainsi parler, qu'ils ont retiré de leurs prétendues libertés. Que l'on se rappelle les époques et les causes des deux exils du grand archevêque de Paris, Mgr. de Beaumont, et l'on aura une preuve frappante de cette triste vérité; l'on reconnoîtra la justesse de l'observation d'un célèbre Canoniste : *Nunc servitus et oppressio (Ecclesiæ Gallicanæ) falsis, ementitisque libertatis et privilegiorum nominibus solet per antiphrasim exprimi*. Cabassut, notitia Concil, cap. 69 vol. 7.

monde et pour ce monde; que son règne n'avoit aucun rapport aux royaumes de ce monde; que les royaumes de ce monde n'en dépendoient pas plus depuis, qu'avant son incarnation; qu'il n'étoit point roi comme homme, comme chef de la chrétienté, comme Christ, mais seulement comme Dieu, comme fils de Dieu, abstractivement de sa qualité de Fils de l'homme, et que son Règne n'étoit qu'un Règne purement spirituel, exclusif de tout droit temporel, et tel qu'il convient au Verbe de Dieu dans le sein de son père; (car voilà les assertions des Gallicans), que s'ensuivoit-il de ces maximes, ou plutôt que ne s'en suivoit-il pas? Il s'ensuivoit que les rois et les princes même chrétiens, étoient de droit naturel, non-seulement indépendans de Jesus-Christ et de son église, mais qu'ils n'étoient et ne pouvoient être sous aucun rapport, ni les dépositaires de son autorité royale, ni ses ministres, ni ses représentans dans l'ordre civil. Il s'ensuivoit que Jesus-Christ n'étoit ni le premier roi, ni le premier Seigneur, ni le premier chef de tous les états, les royaumes, les républiques, qui composent la chrétienté, et qu'il n'avoit jamais dû y être reconnu publiquement et solemnellement en cette qualité. Il s'ensuivoit, et les Philosophes modernes ont raisonné juste en concluant avec les Gallicans, que les effets de la victoire de Jesus-Christ sur le démon, le Prince de ce monde, sur les nations et les peuples idolâtres, avoient été nuls dans l'ordre civil, qu'ils ne lui avoient acquis aucun pouvoir sur le temporel des rois devenus chrétiens ni sur leurs Etats, et que tous les droits, dont cet Homme-Dieu jouissoit dans toute la chrétienté, il ne les devoit qu'à *la crédulité superstitieuse des peuples*, qu'à *l'enthousiasme d'un fanatisme religieux*. Il s'ensuivoit que n'ayant aucun droit temporel sur les Etats politiques de la chrétienté, il n'avoit pas eu le pouvoir d'y faire prévaloir et dominer les lois de sa religion, comme lois fondamentales de leur constitution et de leur législation respectives. Il s'ensuivoit que dans un siècle aussi éclairé que le nôtre, ces lois surannées ne devoient plus avoir, dans les Etats et sur les gouvernemens chrétiens, cette prééminence et cette influence, qu'elles n'avoient obtenues que dans *des siècles d'ignorance et de barbarie*. Il s'ensuivoit que ces gouvernemens, ces états, étoient très-fondés à leur donner une exclusion positive, et à leur préférer ce qu'on appelle philosophiquement *les Regles immuables et imprescriptibles de la raison naturelle et de la morale universelle*. Il s'ensuivoit que les rois, les peuples chrétiens depuis longtems trompés et abusés, devoient enfin rompre leurs chaînes, secouer un joug étranger et tyrannique, et rentrer en possession de *leurs droits naturels et primitifs*, et dans la jouissance de *leur ancienne liberté*. *Dirumpamus vincula eorum et projiciamus à nobis jugum ipsorum*. (*Psal*. 2.) En un mot il s'ensuivoit infailliblement tôt ou tard, et quoi? Une révolution quelconque, dont les Gallicans devoient être les premières et les principales victimes.

Voilà la substance des principes et des conséquences de M. les Gallicans de 1682. Voilà la doctrine que leurs partisans, devenus leurs complices, n'ont cessé, depuis cette fameuse époque, de répéter dans tous leurs écrits et d'inculquer dans tous les esprits; voilà comme, en s'opiniâtrant à défendre et à propager un Système vraiment révolutionnaire, ils ont les premiers perverti en France l'esprit public, altéré la créance des peuples; voilà comme ils ont ouvert et préparé la voye aux Systèmes destructeurs des Philosophes et des Déistes, comme ils ont provoqué avec ces impies une révolution générale dans la chrétienté, comme ils ont préparé la dissolution de la monarchie française et l'anéantissement de l'autorité de ses rois très-chrétiens.

Ce n'étoit donc pas sans raison que les chefs de la révolution ne cessoient de répéter, de publier, que la France avoit besoin d'être régénérée, que sa législation étoit imparfaite, vicieuse, incohérente, en un mot qu'elle n'avoit pas de constitution. Ces impies, qui avoient depuis longtems analysé les principes et les conséquences du Système gallican, et qui n'ignoroient pas l'ascendant et la prépondérance qu'il avoit acquis dans tout le royaume, étoient d'autant plus assurés de faire illusion sur ce point à la multitude, et de réussir dans leurs projets révolutionnaires, qu'ils pouvoient compter de n'avoir pas contre eux, ou plutôt d'avoir pour eux le parti nombreux des Gallicans. Car ces derniers ayant par leur fatal Système anéanti en France, ou du moins proscrit pour la France, dans l'ordre civil, le christianisme et ses lois, qui depuis si longtems avoient formé les bases essentielles de sa constitution politique, et ne lui ayant substitué que d'une manière vague, confuse, indéterminée, les principes de la raison humaine et de la religion naturelle, de la philosophie et du déisme, il étoit vrai que la France n'avoit plus proprement de constitution, ou du moins que sa constitution n'étoit plus et ne présentoit plus qu'un paradoxe, qu'un Système irrégulier, sans principes constans ni bien distincts. Il s'agissoit donc de déterminer et d'établir des bases constitutionnelles quelconques, mais il n'étoit plus possible de revenir au Christianisme, ni de lui rendre à cet égard la prééminence et les droits qu'il n'auroit jamais dû perdre. Les impies qui vouloient lui ôter toute influence politique et l'exclure tout-à-

fait de la constitution, en étoient bien éloignés; et les Gallicans, dont le Système étoit qu'il ne devoit pas dominer constitutionnellement, ne songeoient guères à en faire la proposition. Il a donc fallu recourir aux principes combinés et dominans du Gallicanisme et du déisme; et telle a été l'origine de la déclaration des prétendus droits de l'homme et de la constitution Monarchico-Démocratique décrétée par l'assemblée constituante. C'est ainsi que M. les Gallicans de 1789, par suite de leur attachement exclusif à la doctrine de 1682, se sont trouvés d'accord avec les déistes et les impies, pour changer, pour dénaturer, pour détruire, non plus seulement de droit et par leur Système, mais de fait et par leur conduite, la plus belle monarchie de la chrétienté. Car s'ils n'ont pas coopéré à cette œuvre d'iniquité; s'ils n'y ont pas consenti de prime abord dans les commencemens où une résistance ferme et courageuse étoit si nécessaire, et pouvoit être si salutaire; s'ils ont éprouvé ces transports de zèle et d'indignation que devoit leur causer un attentat de cette nature, ils s'y sont donc opposés directement et formellement, comme ils le devoient, et autant que l'importance de la chose le demandoit. Car enfin la conjoncture étoit impérieuse, pressante, décisive : c'étoit plus que jamais le moment de se montrer, de se déclarer, de s'expliquer; puisqu'il s'agissoit de principes généraux, de maximes constitutionnelles, dont le salut ou la perte de la religion et de la monarchie alloient dépendre. Or, je le demande, quelles réclamations ont-ils fait entendre lorsque dans la déclaration des prétendus droits de l'homme, on a érigé en principes politiques, les infâmes maximes de l'impiété philosophique? Quelles réclamations ont-ils fait entendre contre les sermens exigés en faveur d'une constitution
qui

qui devoit être fondée sur ces détestables maximes ? Ces premiers actes d'impiété et de rébellion, qui contenoient d'avance tous les autres, contre Dieu, contre l'église, contre la religion, contre la monarchie très-chrétienne, n'étoient-ils donc pas assez odieux, assez prononcés, pour enflammer tout leur zèle et pour exciter et provoquer, de leur part, les plus vigoureuses, les plus énergiques réclamations ? Mais que dis-je ? Et qui n'en sera pénétré d'horreur pour le fatal Système que je combats ? Non-seulement ils n'en ont point fait entendre, mais ils ne pouvoient en faire entendre aucune qui eut quelque solidité et qui fut vraiment imposante, d'après la doctrine qu'ils avoient jusques-là professée et qu'il n'étoit plus tems de désavouer. En effet pouvoient-ils, après avoir soutenu avec tant d'obstination contre la doctrine de l'Eglise Romaine, que le royaume de Jésus-Christ étoit nul dans ce monde, dans l'ordre civil, et que le gouvernement temporel étoit indépendant de la religion, et n'avoit rien de commun avec la religion, pouvoient-ils éluder les conséquences frappantes de cette perfide théorie, et se défendre contre l'usage et l'application que les chefs de la révolution en faisoient si judicieusement dans la pratique ? Pouvoient-ils combattre avec succès le projet d'une régénération quelconque dans la constitution de la monarchie, eux qui avoient provoqué et rendu nécessaire cette régénération, par les atteintes essentielles qu'ils avoient portées à cette constitution ? Pouvoient-ils se plaindre que dans l'établissement des nouveaux principes constitutionnels, on eût donné l'exclusion aux maximes du christianisme, et la préférence à l'impiété des prétendus droits de l'homme, eux qui n'avoient cessé de répéter, d'inculquer que la religion étoit étrangère à l'ordre civil, et qu'elle ne devoit pas prévaloir comme

H

loi fondamentale des gouvernemens politiques de la chrétienté? Pouvoient-ils s'élever contre l'absurdité de cette souveraineté populaire qui, par le procédé le plus étrange, mettoit la nation et la loi au-dessus du roi même, chef et législateur suprême de la nation; eux qui, dans le gouvernement spirituel de la religion, le plus parfait qu'il y ait dans ce monde, avoient depuis si longtems par un renversement non moins étrange, soumis à l'église et à ses canons comme sujet, le chef même et le législateur suprême de l'église? En un mot pouvoient-ils s'opposer à un nouvel ordre de choses, qui n'étoit que le développement, la suite et le pendant de leurs spéculations théologiques et politiques, et n'avoient-ils pas plutôt d'autant plus de raisons d'y applaudir et de s'en rendre les partisans, qu'il ne tendoit qu'à rendre désormais inviolable l'indépendance naturelle qu'ils n'avoient cessé de réclamer, en faveur des rois et des gouvernemens chrétiens?

La constitution que des infames Apostats vouloient donner à la France, pouvoit donc être aussi irréligieuse dans ses dispositions, qu'elle étoit déjà évidemment impie dans ses principes et dans ses fondemens monstrueux; elle pouvoit contenir tous les vices, toutes les extravagances, tous les genres d'iniquité, que la haine de Dieu et de la religion peuvent suggérer; il n'importe, étrangère à Jésus-Christ et à sa religion, suivant les Gallicans, par cela même qu'elle ne concernoit que l'ordre civil et temporel de l'état, elle n'étoit point et ne pouvoit être du ressort de la religion; l'église n'avoit point et ne pouvoit pas avoir le droit d'en connoître et de la réprouver dans l'ordre civil, et la France, en vertu de l'indépendance naturelle qu'ils lui avoient rendue, non-seulement pouvoit l'adopter sans blesser les droits spirituels de Jesus-Christ et de sa religion, nuls dans l'ordre politique; mais elle avoit d'autant plus d'intérêt à en adopter surtout les bases fondamentales, qu'elle assuroit et garantissoit à jamais les droits temporels de sa glorieuse indépendance, contre les prétentions antiques de Jesus-Christ et de son église.

Ainsi M. les Gallicans de 1789 ne pouvoient réclamer avec avantage contre le Système monstrueux, qui alloit prévaloir constitutionnellement pour le malheur de la France. Ils ne pouvoient plus l'attaquer avec les armes victorieuses du christianisme; ils n'étoient plus recevables à demander qu'il fut repoussé de la nouvelle constitution, comme attentatoire aux droits inviolables de Jesus-Christ et de sa religion; ils en avoient perdu le droit; ils s'étoient privés eux-mêmes de cette puissante ressource, en sacrifiant au maintien de leurs prétendues libertés, les anciens, les vrais principes constitutionnels de la monarchie, en déclarant l'ordre civil et politique, étranger à celui de la religion, indépendant de l'ordre de la religion. Ils en étoient donc réduits au point de ne pouvoir plus combattre les principes politiques les plus irréligieux et les plus impies, qu'en faisant abstraction de la religion, qu'en déposant, qu'en mettant de côté les armes spirituelles de la religion; et dès lors le Système d'impiété constitutionnelle étoit hors d'atteinte, il triomphoit; désarmés par leurs propres principes, les Gallicans étoient forcés de lui céder et même de lui rendre hommage; ils n'avoient plus à lui opposer que des maximes abstraites de droit naturel, que des raisonnemens tout humains, que des vues de pure politique, que des considérations temporelles de bien public; mais que pouvoient ces foibles moyens contre la fougue impétueuse et dominante des exagérations philosophiques, et que pouvoient-ils en attendre, en espérer? Tout au plus quelques tempéramens, quelques adoucissemens superficiels, quelques modifications insignifiantes, qui laissoient au Système constitutionnel toute sa force et son influence exclusive; encore falloit-il, pour les obtenir, se déclarer pour ce Système immoral, prendre part et concourir à son établissement: et c'est à quoi M. les Gallicans se sont déterminés, au grand scandale de tous les vrais enfans de l'église, au grand étonnement de tous les fidèles sujets du roi très-chrétien.

Ainsi ils ont reconnu la déclaration des prétendus droits de l'homme, qui anéantissoit les droits de Dieu et de Jesus-Christ. Ainsi ils ont consenti et même coopéré à l'établissement d'une constitution impie, qui substituoit à une monarchie, à un gouvernement chrétien, un gouvernement qui n'étoit fondé sur aucune religion. Ainsi ils ont donné à toute la France le scandaleux exemple de se lier, par serment et sans scrupule, à cette abominable Constitution qui consacroit le parjure et la rebellion, qui dépouilloit le roi de ses prérogatives, le clergé et la noblesse de leurs plus beaux droits, et ne tendoit qu'à la destruction totale de la religion, qu'au bouleversement de l'état. *Non dicenda sunt Juramenta, sed potiùs perjuria, quæ contra utilitatem Ecclesiasticam, et sanctorum Patrum veniunt instituta. Concil. Lateran. general. III sub Alexand. III.* Voilà encore une fois, car je ne cesserai de le répéter et de l'observer, pour faire connoître et détester leur pernicieux Système, voilà comme ils ont travaillé avec les impies à déterminer, sinon les développemens et tous les excès, au moins les principes et la substance du Système révolutionnaire; voilà comme ils se sont accordés, comme ils ont concouru à décatholiciser et même à déchristianiser la France considérée comme corps de nation, comme puissance publique; voilà comme d'une monarchie très-chrétienne, ils en ont fait, de concert avec les impies, une monarchie anti-chrétienne. Aussi dès cette première et fatale époque (*le 4 février 1790.*) et par l'effet d'une prévarication aussi capitale et vraiment fondamentale, le mystère d'iniquité a été consommé en France, dans toute son étendue; tout a été perdu. Les prétendus droits de l'homme une fois substitués aux droits du chrétien, et la monarchie constitutionnelle à la monarchie très-chrétienne, le règne du Christianisme a disparu totalement en France, et le règne exclusif de l'impiété a commencé. (1)

Ce n'est pas cependant que M. les Gallicans, après avoir coopéré primairement et directement comme gallicans et comme citoyens, au renversement de la monarchie très-chrétienne et à l'établissement du règne de l'impiété constitution-

_____

(1) Si depuis cinq ans le règne de Jésus-Christ a cessé de dominer en France dans l'ordre et sur l'ordre civil, comme cela est incontestable, il y étoit donc établi avant cette époque désastrueuse; il y dominoit donc même civilement; et par conséquent les docteurs gallicans sont inexcusables de s'être obstinés, depuis un siècle sur-tout, à donner un contre-sens à ces paroles de Jésus-Christ, *Regnum meum non est de hoc mundo*, et d'avoir soutenu avec autant d'acharnement qu'ils l'ont fait d'après les protestants, que le règne de Jésus-Christ étoit nul dans ce monde, et qu'il ne devoit pas dominer l'ordre civil des gouvernemens politiques de la Chrétienté. Car il est évident qu'en répandant, qu'en faisant généralement prévaloir cette fatale doctrine, ils ont aidé et enhardi les impies à satisfaire leur haine démoniaque contre le règne du christianisme en le détruisant, et à consommer par-là leur affreux projet de rebellion et d'insurrection contre le seigneur et contre son christ.

nelle, (ce que, dans leur sens et dans leur langage gallican, ils ont appelé rendre à César et à la puissance civile et nationale, ce qu'ils devoient à César et à la puissance civile et nationale) ce n'est pas, dis-je, qu'ils n'ayent essayé ensuite et secondairement de rendre comme chrétiens à Jesus-Christ et à sa religion, ce qu'ils croyoient devoir aussi à Jesus-Christ et à sa religion, sur-tout lorsqu'ils ont été forcés de voir par les événemens, que les intérêts de l'un et de l'autre étoient essentiellement compromis, absolument sacrifiés, c'est-à-dire, lorsqu'il n'étoit plus tems. Car c'est à cette fin sans doute qu'après avoir tranquillement et imprudemment laissé passer et prévaloir la déclaration des prétendus droits de l'homme, qui néanmoins anéantissoit d'avance tous les droits de Jesus-Christ et de sa religion, ils ont songé, lorsqu'ils s'en sont apperçus, et pour tâcher d'en arrêter l'effet, à faire la tardive motion tendante à demander que la religion catholique fût déclarée constitutionnellement la religion nationale, la religion de l'état, la religion dominante en France.

Mais pour achever de confondre le fatal Système qui les a aveuglés et égarés, et pour leur découvrir plus sensiblement encore l'abyme de prévarication et de contradiction dans lequel il les a engagés et précipités, je demande quel succès ils pouvoient attendre d'une motion, à l'adoption de laquelle ils avoient mis eux-mêmes un obstacle préalable et invincible, tant par les principes qu'ils avoient jusques-là si hautement professés, que par leur adhésion aux maximes constitutionnelles des prétendus droits de l'homme, récemment décrétées? Et d'abord que pouvoit signifier dans leurs bouches gallicanes une motion aussi inconciliable avec leur Système chéri, et dans quel sens entendoient-ils que la religion catholique pouvoit être reconnue civilement comme dominante dans le nouvel ordre de choses, qui venoit d'être prononcé ? Leurs faux docteurs n'avoient-ils pas enseigné, répété, inculqué mille et mille fois, et avec une obstination sans exemple, que le règne de Jesus-Christ étoit nul dans l'ordre civil, qu'il étoit tout à fait étranger à l'ordre civil, qu'il n'avoit rien de commun avec l'ordre civil ? Et n'étoit-ce pas une conséquence directe de cette pernicieuse doctrine dont ils avoient infecté toute la France, que ni la religion catholique, ni même le christianisme ne devoient pas y dominer constitutionnellement ? Comment donc ont-ils osé seulement mettre au jour une demande aussi incompatible avec leurs propres principes ? Mais comment sur-tout pouvoient-ils la proposer après la déclaration et l'établissement des prétendus droits de l'homme comme fondement de la nouvelle constitution ? La France par cette trop fameuse déclaration et en vertu de son indépendance illimitée dans le sens de M. les Gallicans, ne venoit-elle pas d'embrasser solemnellement l'impiété philosophique pour sa loi fondamentale, pour sa forme constitutionnelle, pour la règle désormais dominante de son Gouvernement, et ces Messieurs ne venoient-ils pas eux-mêmes, forcés par leurs propres principes, de la reconnoître et de lui rendre hommage en cette triple qualité ? Etoit-il possible de ranger, d'allier ensemble et d'incorporer dans le même code constitutionnel la religion la plus sainte avec la plus monstrueuse impiété ? Etoit-il possible de reconnoître comme dominans dans le même état deux principes aussi opposés, aussi insociables, aussi incompatibles ? Etoit-il possible de les faire concourir parallelement au gouvernement d'un seul et même peuple, d'une seule et même nation ? Et quand cette alliance révoltante n'auroit pas renfermé et impliqué la plus évidente et la plus saillante des contradictions; quand même ce concert étrange auroit pu, absolument parlant, exister et se soutenir dans la pratique, les gallicans avoient-ils des exemples que jamais dans aucun tems et dans aucun Empire du monde, l'infidélité ou l'hérésie devenues souveraines et dominantes, ayent accordé à la religion du vrai Dieu, à la vraie religion, une existence civile, une prééminence nationale? Avoient-ils des raisons pour croire, pour supposer, que les infâmes Apostats qui venoient d'établir en France le règne exécrable de l'impiété philosophique sur les débris de la monarchie très-chrétienne, seroient plus favorables à la religion catholique, qu'à cette monarchie, et qu'après avoir renversé le majestueux édifice de cette dernière, ils voudroient en épargner la base dangereuse, et consentiroient à en réserver l'inutile fondement? Sur quoi donc auroient-ils pu appuyer et motiver leur motion en faveur de cette religion? Et n'est-il pas évident qu'elle étoit en pleine opposition tout à la fois et avec leurs propres principes et avec leur conduite civique et avec l'expérience de tous les siècles et avec le bon sens même, et qu'elle n'étoit de leur part et dans leurs bouches gallicanes, qu'une inconséquence sensible, qu'une contradiction palpable, absolument inadmissible sous tous les rapports?

Car encore une fois, que prétendoient-ils par cette motion? Avoient-ils en vue ces Messieurs et vouloient-ils que la religion catholique fût déclarée dominante et nationale dans le même sens qu'elle l'avoit été depuis tant de siècles, c'est-à-dire qu'elle fût reconnue solemnellement comme base essentielle, comme loi primaire et fondamentale de la nouvelle constitution? Etoient-ils persuadés que d'une telle déclaration dépendoit essentiellement la conservation de la religion catholique et de la monarchie très-chrétienne avec tous leurs droits respectifs et dans toute leur intégrité ? ils devoient donc se faire entendre tout d'abord et s'expliquer fortement sur cet objet important et si décisif ; ils devoient donc sur-tout former et opposer une résistance invincible à la déclaration et à l'établissement solemnel et constitutionnel des prétendus droits de l'homme. Mais que dis-je ? Non, ce n'étoit pas là l'objet de leur motion ; il contrastoit bien trop avec leurs idées et leurs maximes gallicanes ; ils ne songeoient guères à l'avoir en vue, préoccupés qu'ils etoient de cette fatale doctrine, que la religion étoit étrangère à l'ordre civil, et que l'ordre civil n'en dépendoit pas de *droit* et ne pouvoit de *droit* en dépendre. Aussi n'avoient-ils fait aucune difficulté de reconnoître l'infame déclaration des prétendus droits de l'homme, comme base fondamentale du nouvel ordre de choses qu'on vouloit établir.

Quel pouvoit donc être après cette démarche civique, quel pouvoit être le sens précis de leur motion ? Il est facile maintenant de l'appercevoir et de le déterminer, c'est-à-dire, qu'ils demandoient que la religion catholique fût déclarée constitutionnellement dominante et nationale, dans un état et chez une nation qui venoit d'adopter pour base essentielle et dominante de sa constitution, de sa législation, en un mot de son gouvernement, l'impiété et l'antichristianisme les plus fortement prononcés ; c'est-à-dire, qu'ils prétendoient que le règne extérieur de la piété et de la religion pouvoit se soutenir, conserver son influence et jouir de tous ses droits publics sous le règne infernal de la plus monstrueuse irréligion, c'est-à-dire, qu'ils supposoient que les impies devenus tout-puissans seroient aussi insensés ;

aussi inconséquens dans leur Système d'impiété, qu'ils l'avoient été, eux, dans les principes et au préjudice des intérêts de leur religion; c'est-à-dire qu'ils se flattoient d'en obtenir le même genre de tolérance et de protection pour le maintien de l'ordre extérieur de la religion, qu'ils avoient eu la coupable imprudence de leur accorder dans l'établissement constitutionnel et civil du désordre de leur impiété; ou plutôt c'est-à-dire qu'évidemment ils avoient abandonné les vrais principes; c'est-à-dire que le gallicanisme les avoit aveuglés et abusés de la manière la plus étrange; c'est-à-dire en un mot que l'objet de leur motion étoit absurde, et qu'ils demandoient l'impossible. Car enfin quand même ces impies auroient été assez modérés, pour consentir à accueillir une telle motion, dépendoit-il d'eux, étoit-il en leur puissance, d'unir ensemble et de combiner dans la même constitution et dans le même gouvernement la lumière avec les ténèbres, la justice avec l'iniquité, la religion avec l'impiété, le règne de Jesus-Christ avec celui de Bélial? Une telle alliance, une pareille combinaison n'est-elle pas de sa nature absolument impraticable, essentiellement impossible? Et M. les Gallicans avoient donc totalement oublié la défense expresse du grand Apôtre aux fidèles, fondée sur cette inflexible incompatibilité, de prendre, de former aucun engagement civil avec des infidèles, à plus forte raison avec des impies déclarés, avec des infames Apostats? (1) Dans quel labyrinthe

―――――――――――――――――――――

(1) *Nolite jugum ducere cum infidelibus. Quæ enim participatio justitiæ cum iniquitate? Aut quæ societas luci ad tenebras? Quæ autem conventio Christi ad Belial? Aut quæ pars fideli cum infideli? Qui autem consensus Templo Dei cum idolis? Vos enim estis Templum Dei vivi, sicut dicit Deus: quoniam inhabitabo in illis, et*

d'absurdités et de contradictions l'on s'engage, quand on est emporté par un esprit de parti, et qu'on s'est écarté des vrais principes?

Ainsi leur fameuse motion étoit évidemment inadmissible sous ce rapport incohérent. Elle ne pouvoit plus tendre, comme l'ont fort bien observé les chefs de l'impiété révolutionnaire, qu'à faire déclarer que la religion catholique étoit encore par le seul *fait* dominante dans la nation, c'est-à-dire, la seule connue et professée par la généralité des individus de cette nation. Mais d'après la déclaration solemnelle et l'établissement constitutionnel des prétendus droits de l'homme, cette manière de dominer, n'étoit plus qu'un fait purement accidentel, absolument étranger à l'ordre civil et qui ne devoit avoir rien de commun avec la nouvelle constitution. A quoi donc auroit pu servir la déclaration d'un fait, qui dans ce nouvel ordre de choses ne pouvoit donner à la religion catholique aucun droit public et national; pas même l'existence civile, et qui ne pouvoit la garantir des atteintes essentielles que lui préparoit et que ne pouvoit point manquer de lui porter l'impiété dominante et usurpatrice pour affermir sa domination et maintenir ses usurpations? C'est la réponse sensée et très-piquante, que leur ont faite leurs judicieux adversaires, en disant que l'on ne décrétoit que les principes et non les faits; et telle est la justice bien méritée qu'ils ont faite et qu'ils devoient faire de cette tardive et inconséquente motion.

inambulabo inter eos, et ero illorum Deus, et ipsi erunt mihi populus; propter quod exite de medio eorum, et separamini, dicit Dominus, et immundum ne tetigeritis: et Ego recipiam vos: et ero vobis in Patrem, et vos eritis mihi in filios et filias, dicit Dominus omnipotens. 2 Corinth. 6.

Et que M. les Gallicans ne viennent pas ici se disculper aux dépens des impies, et nous dire que cette religion ayant été pendant quatorze siècles la religion nationale, la religion de l'état, la religion dominante en France, ces impies sont des scélérats et des monstres de lui avoir donné une pareille exclusion, et de s'être ainsi moqués de leur motion; car cet attentat d'impiété n'étoit qu'une conséquence directe de leur fatal Système, ou pour parler plus juste, ce n'étoit que la pratique de leurs spéculations politiques, que l'exécution de leurs funestes principes. Et en effet comment et à quel titre la religion catholique avoit-elle été depuis tant de siècles en France, la religion nationale, la religion de l'état, la religion dominante? N'étoit-ce pas à l'exclusion de l'infidélité payenne, de l'Idolâtrie qui y dominoit auparavant dans l'ordre civil et politique? N'étoit-ce pas comme loi fondamentale et constitutionnelle de la monarchie très-Chrétienne dont elle a fait si long-tems la splendeur et la gloire, et dont elle étoit la base inébranlable et le plus ferme appuy? Donc l'impiété philosophique ayant été une fois substituée à la religion catholique, par la déclaration solemnelle des prétendus droits de l'homme, pour servir de base et de fondement à la nouvelle constitution, c'en étoit fait de cette sainte et antique religion; il falloit qu'elle fût sacrifiée avec tous ses droits publics et toutes ses prérogatives nationales; et sa longue possession regardée désormais comme un long abus, ne pouvoit la préserver d'un anéantissement total et complet.

Mais cette déclaration des prétendus droits de l'homme si désastreuse pour la religion catholique, qui en avoit donné l'idée, qui en avoit d'avance justifié le plan, qui en avoit provoqué hautement, sinon le contenu textuel, au moins
la

la substance et les dispositions anti-chrétiennes ? Ne sont-ce pas les principes à jamais détestables des Gallicans ? N'est-ce pas leur coupable acharnement à les propager et à les faire prévaloir, au mépris et au préjudice de la doctrine salutaire et des droits sacrés de l'Eglise Romaine ? Car en soutenant, en publiant avec autant d'obstination qu'ils l'ont fait, que le règne de Jesus-Christ étoit nul dans l'ordre politique, et que la religion catholique n'avoit pas eu et qu'elle n'avoit pas le droit de dominer comme loi primaire et fondamentale de la monarchie très-chrétienne, n'étoit-ce pas autoriser hautement et publiquement les prétendus Philosophes, les législateurs modernes de la nation française à lui donner l'exclusion absolue à cet égard ? N'étoit-ce pas leur donner pleine et entière liberté de chercher des bases constitutionnelles hors de la religion catholique, par conséquent au détriment de cette religion ? N'étoit-ce pas leur indiquer directement de recourir à cet effet aux abstractions métaphysiques, obscures, incertaines, versatiles du droit naturel sur la nature et la forme des gouvernemens politiques considérés en eux-mêmes indépendamment de l'ordre de la religion ? Eh bien ! ils ont profité de cette autorisation, ils ont usé de cette liberté, ils ont suivi cette indication. Mais que pouvoit-on attendre des spéculations et des recherches de l'esprit humain abandonné à lui-même et sans le secours de la révélation ? De quoi est-il capable, sur-tout lorsqu'après avoir été éclairé des lumières de la foi, il se croit autorisé à les dédaigner et à les rejetter, pour ne s'en rapporter qu'à celles de sa foible raison, pour ne suivre plus que la vanité de ses pensées, pour n'écouter plus que les penchans désordonnés du cœur ? Nous en avons les exemples les plus affreux dans les productions abominables des philosophes apostats de notre siècle. Il n'étoit donc pas possible, non, il n'étoit pas possible, qu'il ne résultât d'une pareille licence des principes sinistres, dangereux, erronés, des principes incompatibles avec les lois et les maximes du vrai christianisme, subversifs de ses droits les plus sacrés et les plus légitimes. Car c'est une vérité émanée de la bouche de Jesus-Christ même, et que l'expérience a confirmée dans tous les siècles de l'église, que, *qui n'est pas avec lui est contre lui*, et que, *qui n'amasse pas avec lui, dissipe*, au lieu d'amasser. *Luc.* 11. Les Gallicans donc, en autorisant les législateurs des nations même chrétiennes à faire abstraction de la religion catholique, et même à l'exclure positivement dans la formation et l'établissement de leurs lois fondamentales et constitutionnelles, les Gallicans, dis-je, comme des insensés avoient donc provoqué et accrédité d'avance dans l'ordre civil, les maximes politiques même les plus impies et les plus funestes pour la religion. Donc leur fatal Système a jetté les fondemens d'une révolution quelconque, mais d'une révolution infailliblement désastrueuse pour la religion. Donc il a enfanté et légitimé le déisme et l'impiété politico-philosophique. Donc la déclaration gallicane de 1682 a été le prélude et la base de la déclaration constitutionnelle des prétendus droits de l'homme de 1789. Donc les partisans de la première ne pouvoient sans inconséquence méconnoître, ni renier la seconde dans l'ordre civil. Donc la première, en provoquant, en légitimant la seconde dans l'ordre civil, tendoit directement et par cela même, à l'abolition et à l'anéantissement de tous les droits publics et sacrés de la religion catholique. Donc elle a préparé et déterminé comme cause principale l'affreuse révolution que l'impiété vient d'effectuer comme cause instrumentale. Donc c'est avec grande raison que le Pape Alexandre VIII de glorieuse mémoire, considérant les funestes conséquences qui pouvoient résulter de cette délaration séditieuse, l'a réprouvée, proscrite, annullée, à l'exemple du Ven. Innocent XI son prédécesseur, par une bulle formelle en 1690. (*) Qu'on juge d'après cela si tous les défenseurs, docteurs, propagateurs, fauteurs et sectateurs de la doctrine vraiment révolutionnaire de cette déclaration répréhensible sont bien fondés à rejetter sur les seuls déistes et les seuls impies tout l'odieux des attentats qui viennent d'anéantir en France et la monarchie très-chrétienne et la religion catholique qui en étoit le fondement.

Oseront-ils se plaindre ces Messieurs, que c'est les calomnier et les outrager, que de les regarder, de les dénoncer comme complices de ces attentats? Mais ils auroient donc oublié les notions les plus communes de la morale chrétienne; il faudroit donc leur rappeller ici cet axiome si connu du droit naturel, que vouloir une cause quelconque dans quelque genre que ce soit, que la vouloir sur-tout dans les matières les plus essentielles et les plus conséquentes, malgré les avertissemens les plus graves et les réclamations les plus imposantes qu'il y ait au monde, c'est vouloir tous les effets, toutes les suites, tous les inconvéniens et tous les excès qui en résultent et qui en peuvent résulter. Quoi! ils se seront opiniâtrés à maintenir, à propager, à perpétuer les principes les plus concluans et les plus favorables à la destruction des droits antiques et sacrés de la monarchie très-chrétienne et de la religion catholique qui en étoit la base solide! Quoi! ils se seront acharnés à vouloir et à con-

(*) Voyez les observations de M. Petit ci-jointes.

sacrer la cause principale et décisive de cette épouvantable et déplorable catastrophe! Et ce sera les calomnier et les outrager, que de leur en attribuer les effets, que de leur en imputer les conséquences! Quoi! ils auront à cet effet méprisé les instructions salutaires et les réclamations les plus expresses de l'Eglise Romaine! ils auront décrié sa doctrine, combattu ses droits les plus légitimes et porté l'obstination et l'audace, jusqu'à méconnoître les droits essentiels de la royauté temporelle de son divin époux! Et ils se croiront encore après cela absolument irrépréhensibles; et ils prétendront n'être responsables en rien des suites funestes de leur audacieuse opiniâtreté; et ce sera les calomnier que de démontrer de la manière la plus convainquante, l'impulsion violente qu'ils ont donnée à la révolution, tant par leur dangereux Système, que par leur imprudente insubordination; et ce sera les outrager, que de venger ainsi à leurs dépens la gloire et les droits suréminens de Jésus-Christ et de son église? Et depuis quand donc l'orgueil, la hauteur, la suffisance, l'obstination, l'esprit d'indépendance et de rebellion, qui aveuglent si souvent les hommes et qui sont la source de tant d'erreurs, de tant d'injustices, de tant de prévarications, qu'ils se dissimulent à eux-mêmes, parce qu'ils veulent se les dissimuler, depuis quand ces passions volontaires et capitales sont-elles des titres d'innocence, des excuses légitimes, des moyens valides de justification? Depuis quand méritent-elles des ménagemens et des égards, au préjudice des plus grands intérêts de la justice et de la religion?

Il est donc impossible qu'ils se justifient de l'inculpation de complicité qu'on leur objecte ici, sous le prétexte illusoire qu'ils ne vouloient pas formellement et qu'ils étoient bien éloignés de vouloir en elle-même la subversion totale de la religion catholique en France. Non, ils ne vouloient pas et l'on conçoit fort bien qu'ils n'avoient garde de vouloir comme résultat, l'abolition de l'exercice extérieur et des droits civils d'une religion à la conservation publique de laquelle ils avoient évidemment le plus grand comme le plus légitime intérêt. Mais parce que non-contens des glorieuses prérogatives et des avantages précieux et si légitimes qui leur étoient assurés au nom de la religion catholique dans la monarchie très-chrétienne, ils ont voulu en réunir et s'en attribuer d'illégitimes, de criminels, d'incompatibles avec les devoirs fondamentaux de la subordination chrétienne et canonique qu'ils devoient à Jesus-Christ et à son église, qu'en est-il résulté ? Pour soutenir, consolider et s'assurer la possession et la jouissance de ces derniers, ils ont ébranlé, sappé et anéanti les fondemens des premiers, et comment ? Par les prétentions d'indépendance qu'ils ont fait valoir et les principes séditieux qu'ils ont consacrés, au préjudice de la doctrine salutaire et des droits fondamentaux de l'Eglise Romaine et catholique, qui néanmoins étoient les plus sûrs garans de tous leurs vrais intérêts et de tous leurs droits. En effet, non, ils ne vouloient pas et ils étoient bien éloignés de vouloir en eux-mêmes tous les attentats d'une révolution, qui viennent de dissoudre et d'anéantir l'église et la religion catholique dans leur patrie; mais ils ont voulu à tout prix maintenir, propager et faire prévaloir contre l'Eglise Romaine un foyer scandaleux de rebellion et d'insubordination, apellé les libertés de leur Eglise Gallicane. Non, ils ne vouloient pas que la religion catholique fût opprimée, ni abolie dans leur patrie; mais pour être protégés efficacement dans la jouissance de leurs perfides libertés par le gouvernement civil contre les poursuites de l'Eglise Romaine, ils ont déclaré et rendu ce gouvernement dans une Monarchie très-chrétienne indépendant de l'église catholique, étranger à la religion catholique qu'il pouvoit dès lors arbitrairement et impunément aussi bien proscrire, que protéger. Non, ils ne vouloient pas que l'impiété philosophique des droits de l'homme dominât comme loi fondamentale dans la nouvelle constitution à l'exclusion de la religion catholique; mais pour appuyer et motiver la liberté naturelle et l'indépendance absolue du gouvernement civil à l'égard de l'Eglise Romaine et de la religion catholique dans la monarchie très-chrétienne, ils ont nié que cette religion fût de *droit* la loi primaire et fondamentale, la forme constitutionnelle et la règle exclusivement dominante du gouvernement civil dans la monarchie très - chrétienne. Non, ils ne vouloient pas que la religion catholique fût dépouillée de toutes ses prérogatives et de toutes ses propriétés extérieures et civiles dans leur patrie; mais en soutenant qu'elle n'étoit pas de *droit* la base et le fondement essentiel du gouvernement civil dans la monarchie très-chrétienne, ils ont attenté au droit fondamental de prééminence, dont elle jouit dans toute la chrétienté, et qui est le titre inviolable et la sauve-garde de toutes ses prérogatives nationales et de tous ses avantages temporels et civils. Non, ils ne vouloient pas que le culte extérieur, que l'exercice public, en un mot que le règne spirituel et visible de la religion catholique fussent abolis et proscrits dans leur patrie; mais pour enlever plus sûrement à cette religion son titre fondamental de prééminence nationale dans la monarchie très-chrétienne, ils n'ont pas craint de mettre dans la bouche de Jesus-Christ même, cette proposition attentatoire à sa royauté divine et temporelle, et de lui faire dire que son règne, établi dans ce monde devenu chrétien depuis sa victoire sur le monde païen, étoit nul dans l'ordre civil, et qu'il n'avoit rien de commun, ni aucun rapport avec le gouvernement politique des peuples chrétiens. Que dirai-je encore? Non, ils ne vouloient pas que la religion catholique éprouvât une subversion totale dans leur patrie; mais en reconnoissant la déclaration des prétendus droits de l'homme comme base essentielle et primaire de la nouvelle constitution, ils venoient d'abandonner les intérêts, les droits publics et toute la destinée de cette religion à la discrétion et à la merci d'un gouvernement impie, qui ne pouvoit manquer de leur porter les plus mortelles atteintes et même de les anéantir. En un mot, non, ils ne vouloient pas et ils étoient bien éloignés de vouloir tous les malheurs qui viennent de fondre sur la religion dans leur patrie: mais aveuglés, fascinés, égarés par les trompeuses illusions de leur Système gallican, ils ont voulu et ils ont fait tout ce qu'il falloit pour préparer ces malheurs et pour les déterminer. Et après des attentats de cette nature contre la religion catholique, M. les Gallicans n'ouvriront pas les yeux! et ils ne découvriront pas l'abyme de contradiction et de prévarication dans lequel leur fatal Système les a engagés et précipités! Et ils prétendront qu'ils ne sont pas complices, ni responsables en rien de la destruction de cette religion! Il est vrai, et tel est sans-doute leur grand moyen de justification, il est vrai qu'ils ont réclamé en sa faveur, lorsque l'impiété révolutionnaire ayant organisé un gouvernement tout à fait dans les principes gallicans et qui n'étoit fondé sur aucune religion, ils ont été forcés de comprendre ce que leur funeste Système les avoit empêchés de prévoir, qu'un tel gouvernement ne tendoit par lui-même qu'à la ruine et à la subversion totale de la religion catholique. Mais réclamations inutiles et insuffisantes pour leur justification; elles avoient perdu toute leur force et tout leur poids depuis la propagation des principes gallicans et philosophiques; et d'ailleurs eussent-elles été les plus imposantes et les plus concluantes, il n'étoit plus tems de les faire valoir. Les grands coups, les coups décisifs contre cette religion avoient été frappés par les gallicans eux-mêmes; ils en avoient attaqué et miné les fondemens; il n'étoit plus en leur pouvoir d'en empêcher, ni d'en retarder la chûte. Ils avoient provoqué depuis longtems comme gallicans un gouvernement civil, un régime politique absolument dangereux et désastrueux pour les intérêts de cette religion, et ils venoient de concourir comme citoyens, et au renversement de la monarchie très-chrétienne, et à l'établissement du règne de l'impiété philosophique et constitutionnelle. Il falloit donc que la religion catholique partageât le triste sort de cette monarchie dont elle avoit été la base et le fondement; il falloit qu'elle fût abattue et qu'elle tombât avec cette monarchie; mais il falloit que le contre coup de cette double chûte atteignit et renversât les Gallicans eux-mêmes; il falloit par une juste punition de Dieu, qu'ils fussent les premiers écrasés et anéantis sous les débris de l'une et de l'autre.

Qu'ont fait donc M. les Gallicans en paroissant aux états-généraux et à l'assemblée constituante avec les idées et les opinions, avec les préjugés et les maximes de leur Système gallican? Ils sont venus renforcer le détestable parti des factieux qui vouloient une révolution; servir les ennemis impitoyables de l'autel et du trône très-chrétien, et les seconder tout d'abord au moins par leur coupable silence, parce qu'en effet ils étoient dans l'impuissance de réclamer d'après leur fatal Systême. Ils sont venus leur apporter les titres fondamentaux dont ils s'étoient rendus depuis long-tems les défenseurs zélés et les imprudens dépositaires, et d'après lesquels devoit s'ensuivre le renversement de la monarchie très-chrétienne et de la religion catholique qui en étoit le fondement comme religion dominante. Enfin ils sont venus leur offrir au besoin et leur présenter eux-mêmes les raisons foncières et péremptoires qui devoient motiver dans l'ordre civil leur dégradation, leur dépouillement, même leur proscription et leur déportation, et qui provoquoient et devoient entraîner infailliblement la dissolution totale de leur église gallicane. Qu'ont-ils fait en assistant et en prenant part à la discussion et à la rédaction de la déclaration des prétendus droits de l'homme, qui contenoit d'avance tous les attentats révolutionnaires préparés et dirigés contre le trône et l'autel, et contre les appuys et les défenseurs de l'un et de l'autre? Ils ont assisté et participé à la discussion et à la rédaction de la grande et redoutable sentence qui devoit frapper et foudroyer le trône, cet antique monument, qui devoit en renverser et en détruire l'auguste fondement, l'autel, et qui devoit exterminer, ou disperser les restes dangereux et les inutiles débris de l'un et de l'autre. Qu'ont-ils fait en reconnoissant cette infame déclaration pour base fondamentale de l'édifice monstrueux que l'impiété vouloit élever sur les ruines de l'autel et du trône ? ils ont reconnu la légitimité de la procédure incroyable intentée contre l'un et contre l'autre, ainsi que la validité de la sentence désastrueuse qui déjà leur étoit signifiée, et dont l'exécution épouventable alloit commencer, alloit éclater. Enfin qu'ont-ils fait en se liant par serment à une constitution qui devoit être fondée sur une production d'impiété, aussi audacieuse, aussi anti-chrétienne ? Ils ont ratifié, confirmé, sanctionné, autant qu'il étoit en eux, l'odieux arrêt de condamnation, prononcé contre la monarchie très-chrétienne, contre la religion catholique et contre eux-mêmes, et ils se sont engagés à concourir de tout leur pouvoir, du moins à consentir et à ne mettre aucun obstacle à son étrange exécution. C'est-à-dire, que ces messieurs de concert avec les factieux et factieux eux-mêmes, ont authentiquement et solemnellement immolé et sacrifié le trône et l'autel ; c'est-à-dire, qu'ils se sont formellement et directement trahis et livrés eux-mêmes, qu'ils ont rendu témoignage et déposé contre eux-mêmes, en un mot qu'ils se sont condamnés et, pour ainsi dire, exécutés eux-mêmes. Voilà ce qu'ils diront encore, sans doute, qu'ils n'ont pas eu l'intention de faire, mais ce que dans la vérité ils ont fait néanmoins, parce qu'ils ont voulu le faire, parce que d'après leur perfide Système ils pouvoient et ils devoient le faire.

Et qu'ils ne se retranchent point ici sur la restriction du spirituel, qu'ils ont mise et fait entendre ensuite, soit, lorsqu'ils ont renouvellé leur serment civique le 14 juillet 1790, soit, lorsqu'on leur a demandé la prestation pure et simple du serment relatif à la constitution civile du clergé. Car cette restriction gallicane, dont ils se sont tant glorifiés, bien loin d'être un désaveu et une retractation de leur connivence civique et criminelle dans l'anéantissement des droits publics et suréminens de Jesus-Christ comme premier roi, et de la religion catholique, comme loi fondamentale de la monarchie très-chrétienne, elle n'en a été et n'en est qu'une démonstration plus évidente, qu'une confirmation plus authentique et plus formelle ; et tout ce qu'elle prouve en leur faveur, c'est qu'ils n'ont pas voulu mettre le comble à cette prévarication capitale, en abjurant et en sacrifiant également aux vœux sacrilèges de l'impiété, les droits intrinsèques de Jésus-Christ comme Pontife, et la substance de sa religion considérée en elle-même spéculativement et abstractivement. Mais après avoir coopéré aussi volontairement et aussi positivement qu'ils l'ont fait, par la partie civique de leurs sermens, à l'établissement du règne de l'impiété philosophique; après lui avoir abandonné tous les droits et tous les pouvoirs de la puissance publique, quel fonds pouvoient-ils faire sur leur restriction en faveur du spirituel, et à quoi pouvoit-elle servir? Tout au plus à les mettre personnellement à l'abri des atteintes du schisme et de l'hérésie; tout au plus à conserver la religion catholique dans ses droits intérieurs, spirituels, invisibles; mais elle étoit absolument insuffisante et inefficace pour la maintenir comme dominante dans l'état et sur le gouvernement; mais elle ne pouvoit empêcher l'abolition des droits publics et exclusifs d'une religion qui étoit devenue étrangère et qui devoit absolument disparoître sous le règne infernal de son implacable ennemi. Car si l'infidélité des Païens qui n'étoit que négative, fondée sur l'ignorance de la sainteté du christianisme, n'avoit pas cessé tout le tems qu'elle a été sur le trône et qu'elle a régné, de proscrire cette religion et de la poursuivre comme un crime d'état dans ceux qui la professoient, comment une infidélité aussi positive que celle qui venoit de prévaloir en France, une infidélité d'apostasie fondée sur les mépris et la haine d'une religion connue et abjurée, comment une telle infidélité devenue souveraine et dominante, l'auroit-elle tolérée, favorisée, protégée; que dis-je? comment ne l'auroit-elle pas proscrite, abolie, anéantie, autant qu'il étoit en elle, cette religion qui condamnoit hautement ses infamies et toutes ses abominations, et qui pour cela devoit être dans ses droits extérieurs et publics la première victime de ses usurpations et de ses injustices, de ses vexations et de ses persécutions ? Tels sont les déplorables résultats de la conduite civique des Gallicans, entièrement conformes à leurs funestes spéculations sur la nullité du règne de Jesus-Christ dans l'ordre civil et politique. Voilà pour le malheur de la France catholique comme ils ont entendu et pratiqué l'obligation de rendre à César et à Jesus-Christ, ce qu'ils devoient à l'un et à l'autre, c'est-à-dire, tout à César, et rien à Jesus-Christ dans l'ordre civil et temporel. Voilà comme ils ont travaillé à décatholiciser la France considérée collectivement comme puissance publique, tout en refusant de la décatholiciser et de se décatholiciser eux-mêmes individuellement. Voilà comme ils ont replacé la religion catholique en France, sous une puissance infiniment plus redoutable pour elle, que ne l'avoit jamais été la puissance païenne. Enfin voilà comme en abandonnant les droits de la puissance temporelle à la rage philosophique, de laquelle seule désormais alloit dépendre l'exercice extérieur et public du spirituel de la religion, ils ont anéanti d'avance et rendu nul dans la pratique l'effet de toutes leurs réclamations et restrictions en faveur de ce spirituel. (1).

Ainsi

---

(1) Il faut donc que les Gallicans reconnoissent que la religion catholique n'a pu et qu'elle ne peut dominer civilement et paisiblement dans les états politiques de la chrétienté, que comme base fondamentale et régulative de leurs constitutions, de leurs législations et de leurs gouvernemens respectifs. Donc

Ainsi il est indubitable que l'anéantissement de la monarchie très-chrétienne et de la religion catholique qui en étoit la base inébranlable,

Jesus-Christ, auteur et consommateur de cette religion, pour la faire adopter en cette qualité par les nations et les rois qu'il a soumis à son évangile, a dû réunir la qualité de roi à celle de Pontife. Donc il a dû avoir toute puissance non-seulement dans l'ordre de la religion, mais encore dans l'ordre politique. (Matth. 28). Donc son règne, aussi bien que son sacerdoce, a dû être établi dans ce monde.

Et en effet Jesus-Christ homme règne aussi réellement et à plus forte raison dans le monde et sur le monde devenu sa conquête, son héritage, son église, que le Démon a régné autrefois dans le monde et sur le monde païen, et qu'il règne encore sur les parties de ce monde non assujetties à Jesus-Christ ou qui, après lui avoir été assujetties, se sont rendues coupables de défection et de rebellion envers ce roi des rois et ce seigneur des seigneurs. On sait bien que Dieu par son droit incommunicable de créateur et de conservateur de l'univers, est le souverain seigneur, le souverain maître, le souverain gouverneur de tous les Empires qui ont jamais existé, qui existent et qui existeront ; mais il ne s'ensuit pas qu'il règne sur les hommes par lui-même et sans agens intermédiaires. De même donc qu'il n'a exercé et qu'il n'exerce son règne de colère et de justice, que par l'affreux ministère du Démon, de même il n'exerce son règne de miséricorde et d'amour, que par Jesus-Christ homme, seul médiateur entre Dieu et les hommes. Ainsi le Démon a été véritablement et dans un sens propre le chef et le prince de ces Empires que Dieu lui avoit abandonnés (Luc. 4, 6) en punition de l'ingratitude et de l'endurcissement des nations qui, ayant connu Dieu, ne l'ont point glorifié comme Dieu (Rom. 1.) Cependant ce Dieu de bonté ayant résolu dans les conseils de sa miséricorde de sauver le genre humain et de le délivrer de la tyrannie du Démon, il a envoyé son fils unique dans le monde avec la double qualité de Pontife et

K

devoit être, comme il l'a été, la suite naturelle et l'effet direct de l'établissement constitutionnel du déisme et de l'impiété philosophique. Mais

de Roi pour reconcilier les hommes avec son père en sa qualité de Pontife, et pour les délivrer de l'Empire du Démon en sa qualité de roi (Luc 1, 68. Hebr. 2, 14, 15). Si Jesus-Christ homme ne réunit pas la qualité de roi à celle de Pontife, s'il n'a pas comme homme tous les pouvoirs dans l'ordre civil aussi bien que dans l'ordre spirituel des gouvernemens de la Chrétienté, en un mot si son règne n'est pas aussi réel, aussi visible que son sacerdoce dans le monde devenu chrétien, il est évident que les prophéties, que les SS. Ecritures nous ont donné le change et qu'elles nous ont trompés. Car suivant ces divins oracles, ce n'est pas précisément comme Dieu, comme fils de Dieu, comme verbe, mais spécialement et proprement comme Dieu fait homme, comme fils de l'homme, comme Christ, que Jesus-Christ devoit être le dominateur en Israël, qu'il devoit s'asseoir sur le trône de David son père, et régner éternellement dans la maison de Jacob, sur les nations qui, au défaut des juifs charnels retranchés à cause de leur incrédulité, devoient entrer en foule dans son église, composer son Empire, devenir son peuple et (*l'Israël de Dieu. Gal.* 6). *Ex te mihi egredietur qui sit dominator in Israel.* Mich. 5. *Parvulus enim natus est nobis . . . . et factus est principatus super humerum ejus . . . . Multiplicabitur ejus imperium, et pacis non erit finis : super solium David et super regnum ejus sedebit, ut confirmet illud et corroboret in judicio et justitia, a modo et usque in sempiternum.* Is. 9. *Ecce concipies in utero, et paries filium et vocabis nomen ejus Jesum. Hic erit magnus et filius Altissimi vocabitur, et dabit illi Dominus Deus Sedem David patris ejus : et regnabit in domo Jacob in æternum, et Regni ejus non erit finis.* Luc 1. *Et habet in vestimento et in femore suo scriptum* : REX REGUM, ET DOMINUS DOMINANTIUM Apocal. 19. Ainsi où le règne de Jesus-Christ est établi dans ce monde aussi bien que son sacerdoce, ou Jesus-Christ n'est pas

il n'est pas moins certain que les commencemens, les progrès et les usurpations du déisme et de l'impiété philosophique ont été les conséquences prochaines et les résultats positifs du Système gallican. Je le dirai donc, je le publierai; oui, je le dirai à la gloire de l'Eglise Romaine, et pour la confusion de ses ennemis et de tous ses détracteurs; je le publierai pour l'intérêt et pour l'instruction des princes et des peuples chrétiens : Non, ce n'est point le philosophisme, mais le gallicanisme qui a été la première et la principale cause de tous les malheurs de la France catholique; c'est ce fatal

véritablement le roi d'Israël que les Prophéties ont annoncé. Mais une observation tout-à-fait décisive, c'est que Dieu, irrité contre les hommes à cause du péché originel qui les a souillés et rendus ses ennemis, ne peut regarder favorablement les hommes, ni communiquer avec les hommes, qu'en Jesus-Christ et par Jesus-Christ : il n'a donc pu les racheter qu'en Jesus-Christ et par Jesus-Christ; mais pour la même raison il ne peut les reconnoître pour ses enfans et ses sujets qu'en Jesus-Christ et par Jesus-Christ; il ne peut exercer sur eux son règne de miséricorde qu'en Jesus-Christ et par Jesus-Christ. Aussi Dieu ne nous a-t-il arrachés à la puissance des ténèbres, que pour nous faire passer sous le règne de son fils bien-aimé. (Coloss. 1). Quelle est donc ici l'erreur capitale des Gallicans? C'est de prétendre que Dieu exerce sa souveraineté, son règne sur les peuples chrétiens, indépendamment et sans la médiation de Jesus-Christ homme; car c'est ce qui résulte évidemment du sens qu'ils donnent à ces paroles de Jesus-Christ : *Regnum meum non est de hoc mundo*. Et c'est ainsi qu'ils ont porté atteinte aux droits essentiels de ce divin médiateur, et qu'ils ont introduit et inoculé le Déisme, c'est-à-dire, la cause prochaine de tous nos malheurs, dans les principes constitutifs des Gouvernemens politiques de la chrétienté.

Système qui a commencé et préparé ce que le Déisme et l'Athéisme ont achevé et consommé. Le gallicanisme avoit fait le mal essentiel; en abjurant depuis longtems la royauté temporelle de Jesus-Christ, non-seulement il avoit érigé en principe le crime de félonie et de rebellion envers ce roi des rois et ce Seigneur des Seigneurs, mais il avoit rendu insensiblement le royaume très-chrétien complice et coupable de cette rebellion et de cette félonie envers cet Homme-Dieu, dont la France ne reconnoissoit plus en effet que la qualité de pontife de la loi nouvelle. Encore n'étoit-ce plus, ce semble, qu'une grace qu'elle vouloit bien lui faire, mais une grace de pure bienveillance qu'elle pouvoit éventuellement et arbitrairement révoquer. Ce fatal Système avoit donc porté le grand coup, le coup décisif à la monarchie très-chrétienne et à la religion catholique, dont les droits respectifs étoient appuyés et reposoient sur la royauté divine et temporelle de Jesus-Christ. Eh bien! le déisme et l'athéisme venus à la suite et à la faveur du gallicanisme ont fait le reste. Le déisme secondé par le gallicanisme, a mis le comble et le sceau à la félonie, à la rebellion envers Jesus-Christ, en substituant à la souveraineté de Dieu même, le Système absurde de la souveraineté populaire; et l'athéisme, de concert avec le déisme, a fini par faire, d'une monarchie changée, dégradée, déchristianisée par le gallicanisme et par le déisme, il a fini par en faire un gouvernement acéphale et tyrannique, et une république tumultueuse d'apostats et d'impies.

O combien les Gallicans doivent avoir de regrets de s'être opiniâtrés avec tant de chaleur pour le funeste Système de leurs trompeuses et perfides libertés! ô combien ils doivent le détester, le repousser, l'anathématiser! ô s'ils avoient mieux entendu, mieux analysé les vrais intérêts de la monarchie française et de la religion catholique! ô s'ils avoient su apprécier à cet effet les influences salutaires de la doctrine apostolique de l'Eglise Romaine! ô s'ils avoient mieux connu toute l'étendue de ses droits divins et de son autorité maternelle et tutélaire! ô s'ils s'étoient ralliés avec toute l'église catholique pour les soutenir et les défendre contre les sophismes, les calomnies et les impostures des novateurs et des impies! ô s'ils avoient eu autant de zèle pour faire prévaloir le dogme sacré et fondamental de la royauté temporelle de Jesus-Christ avec tous les droits et tous les effets qui en dérivent, qu'ils ont mis de chaleur et d'activité, pour atténuer celle-là et anéantir ceux-ci! La France entretenue, nourrie, affermie dans les principes et les devoirs fondamentaux de l'obéissance et de la fidélité inviolables, qu'elle devoit à Jesus-Christ non point seulement en sa qualité de pontife, mais en qualité de son premier roi, et qu'elle devoit à son église dépositaire de sa double autorité et des lois sacrées de son divin empire, la France étoit prémunie à jamais contre la révolution affreuse qui vient de précipiter sa perte et de consommer son apostasie; et Louis XVI, l'infortuné et respectable Louis XVI mieux instruit alors par l'enseignement public et la croyance nationale, de tous les droits de Jesus-Christ et de son église, appuyé sur des principes solides, dirigé par des conseils plus sages, n'auroit jamais sans doute avec la droiture d'ame et l'amour de la religion et de son peuple, qui le caractérisoient, non, il n'auroit jamais consenti à introduire dans son royaume qu'il auroit été persuadé être celui de Jesus-Christ même, tous les ennemis de Jesus-Christ et de son église, ni à leur accorder une existence et des droits civils, comme il l'a fait par le funeste Edit de 1787; à plus forte raison auroit-il eu horreur et se seroit-il bien gardé de leur livrer, de leur abandonner ce royaume et sa personne royale à discrétion, comme il l'a fait en reconnoissant, en acceptant la déclaration des prétendus droits de l'homme, qui ne sont que des délires d'impies, et en sanctionnant l'infame constitution qui en a été l'abominable résultat. La religion, le roi, la monarchie existeroient donc encore, (1) et conti-

___

(1) Après les événemens désastreux de la dégradation, de la déposition, de l'immolation du meilleur des rois, et de l'anéantissement total de la monarchie très-chrétienne, les gallicans dont le système a facilité et favorisé si directement ces attentats régicides et sacrilèges, oseront-ils encore s'élever avec orgueil contre la doctrine de l'église romaine et la décrier insolemment comme attentatoire aux droits temporels des souverains de la chrétienté? Cela n'est pas raisonnablement présumable. Au reste qu'ils sachent que cette céleste et salutaire doctrine est vengée aujourd'hui de la manière la plus éclatante de toutes leurs injustes clameurs par le fait de la révolution, et que leur fatal Système d'adulation mérite seul les inculpations odieuses qu'ils ont eu l'indignité de faire valoir contre cette doctrine pour la diffamer. Car enfin, puisque la religion catholique est le plus ferme appui de la royauté et le fondement inébranlable des trônes et des gouvernemens de la chrétienté, ne s'ensuit-il pas évidemment, que, pour la stabilité de ces trônes et pour la sûreté commune de tous les souverains qui les occupent, autant que pour le bien particulier de cette religion, elle doit être maintenue dans tous ses droits et dans toute son intégrité cette divine religion, aux dépens même des intérêts individuels d'un roi qui s'en déclareroit l'ennemi et qui voudroit y porter atteinte? Or n'est-ce pas au Souverain Pontife qu'il appartient principalement de prendre connoissance d'un délit aussi scandaleux et de pourvoir aux intérêts communs et suréminens de toute la chré-

nueroient de jouir en paix de toutes leurs prérogatives et de tous leurs droits; et M. les Gallicans ne se verroient pas eux-mêmes les tristes et pi-

tienté, en vertu de la charge suprême que Jesus-Christ lui a imposée, à l'effet de contenir dans l'ordre de la religion les rois et les peuples chrétiens, pour le bonheur commun éternel et même temporel des uns et des autres? Telle est en substance la doctrine de l'église romaine. En quoi donc cette doctrine pourroit-elle être attentatoire aux droits légitimes des souverains et aux intérêts de leurs trônes, elle qui ne tend qu'à les rendre inviolables et imperturbables, en empêchant, ou en reprimant les abus d'autorité intentés contre la religion, au détriment immanquable des plus grands intérêts des trônes eux-mêmes?

Mais autant cette doctrine est favorable à la stabilité des trônes et à l'inviolabilité des rois chrétiens, autant le Système gallican est-il contraire à l'une et à l'autre. En effet dans les principes de l'église romaine, les intérêts majeurs de la royauté, c'est-à-dire de tous les souverains, inséparables de ceux de la religion, sont tellement préférables et tellement préférés à tous les intérêts personnels quelconques, qu'ils doivent être maintenus et vengés au dépens même de tel prince ou roi chrétien, qui, au mépris des sermens les plus solemnels, voudroit ébranler le fondement de tous les trônes, en se déclarant contre la religion. Et dans les principes gallicans, c'est tout le contraire; les intérêts individuels d'un roi même apostat, même ennemi déclaré, même persécuteur de la religion, ont paru tellement préférables et sont tellement préférés à tous les autres, qu'ils doivent être maintenus et respectés au préjudice même des droits sacrés de la religion, même des intérêts fondamentaux de la royauté. Dans un tel Système les trônes se trouvent donc placés et appuyés essentiellement, non sur la religion leur base naturelle et inébranlable, mais sur le volcan des opinions humaines et philosophiques; et voilà le terme fatal où aboutissent les dangereuses spéculations des Gallicans,

toyables victimes d'une faction audacieuse d'impies et de scélérats, qui néanmoins, il faut en convenir, sont infiniment plus clairvoyans, plus

voilà comme ils ont entraîné la royauté, la monarchie très-chrétienne sur le bord du précipice. C'est ainsi qu'en répandant, qu'en faisant prévaloir dans toute la France leur Système vraiment révolutionnaire, au lieu d'affermir le trône, ils l'ont ébranlé; au lieu de consolider, d'aggrandir, d'élever l'autorité de nos rois, ils l'ont énervée, affaiblie, dégradée. Ils les ont déclarés indépendans *comme rois*, de Jesus-Christ et de son église, étrangers *comme rois* à Jesus-Christ et à son église; et c'est delà et par là même qu'il est arrivé que ces rois assimilés aux rois des nations infidèles, abandonnés à eux-mêmes et n'étant plus sous la sauvegarde exclusive et toute-puissante de la religion et de l'église désormais sans force comme sans crédit pour les protéger efficacement contre les efforts et les progrès de l'esprit de rebellion, c'est delà, dis-je, qu'il est arrivé qu'ils sont tombés tout naturellement sous la dépendance de la nation dont ils n'ont plus été regardés en effet que comme les mandataires et les représentans. Ils ont érigé en principe national qu'un roi parjure et persécuteur de la religion ne pouvoit être déposé en vertu de l'autorité confiée à l'église par Jesus-Christ même, le chef et le prince de toute la chrétienté, et c'est de-là qu'il est résulté que la destinée des rois même les plus religieux, a été abandonnée à la merci et aux caprices de la multitude, et qu'ils ont pu être déposés par la seule inconstance et la seule violence populaire. Enfin ils ont décidé et publié que les sujets ne pouvoient être déliés par l'église du serment de fidélité dans aucun cas, ni pour quelque raison que ce pût être; mais en plaçant, comme ils l'ont fait, la puissance royale hors de l'église et en la rendant indépendante de Jesus-Christ, ils ont par-là même cassé, annullé le serment de fidélité, que les rois de France faisoient à Jesus-Christ et à son église dans leur consécration, et par conséquent celui que leurs sujets leur prêtoient ensuite à eux-mêmes comme

conséquens, plus prudens dans leur Système d'impiété et de rebellion, que ces Messieurs dans les principes et pour les intérêts de leur religion.

représentans de Jesus-Christ. Et c'est après de tels attentats contre le trône et l'autel, que les Gallicans oseroient encore censurer, condamner la doctrine de l'église romaine comme attentatoire aux droits des Souverains! En ce cas là les deux premiers ordres du royaume qui dans les états généraux de 1614, soutinrent avec tant de fermeté cette doctrine contre les efforts réitérés du Tiers-Etat qui en demandoit à grands cris la proscription, auroient donc voulu porter atteinte aux droits du trône; ils en auroient donc été les ennemis dangereux; il faudroit donc les regarder comme des conspirateurs et comme des factieux. Mais que dis-je? Plût à Dieu que l'assemblée de 1682, eût marché sur leurs traces et qu'elle eût imité leur sage fermeté! La déclaration fatale qu'elle a eu l'imprudence et la foiblesse de souscrire et de consacrer, n'eût point prévalu comme loi de l'état; et la France toujours fidèle à Jesus-Christ, n'eût point ressenti les terribles effets de la vengeance de ce roi des rois et de ce seigneur des seigneurs. Car il faut qu'elle se soit rendue coupable du plus grand de tous les crimes envers Jesus-Christ, puisque depuis cinq ans elle éprouve dans une progression de plus en plus effrayante, outre les divisions intestines, les assassinats et les vexations de tous les genres, les fléaux temporels les plus désastreux, la guerre, la famine et la peste. *Verumtamen inimicos meos illos qui noluerunt me regnare super se, adducite huc et interficite ante me.* Luc. 19.

Quoiqu'il en soit, on ne conçoit pas facilement comment le grand génie qui étoit l'âme de cette assemblée, a osé lui faire adopter le premier article de cette déclaration, comme *conforme à la parole de Dieu, à la tradition des pères et aux exemples des saints,* tandis qu'il étoit de notoriété publique et qu'il ne pouvoit pas ignorer que toute l'église avoit professé solemnellement la doctrine contraire dans les siècles antérieurs. Car l'église n'exprime pas seu-

Quid est, Israël, quod in terra inimicorum es? Voilà pour la multitude des Gallicans restés en France : *(Quid est quod) inveterasti in terra*

---

lement sa doctrine par des décrets dogmatiques; elle la manifeste également et non moins solemnellement par ses décrets disciplinaires; en ce sens que, quoique des décrets disciplinaires ne soient pas ni des règles, ni des objets précis de la foi comme les décrets dogmatiques, il est de foi néanmoins, et c'est un principe établi par St.-Augustin et reçu généralement, il est de foi qu'en vertu de l'assistance perpétuelle du St.-Esprit, l'église ne peut jamais s'écarter de la vérité et de la justice, au point d'usurper un pouvoir qu'elle n'auroit pas et de consacrer des actes de rebellion et d'injustice, et qu'en fait de décrets disciplinaires elle ne porte et ne sanctionne que ceux qu'elle a droit de porter et de sanctionner et sur des objets de sa compétence. *Quæ sunt contra fidem, vel contra bonos mores, Ecclesia nec tacet, nec approbat, nec facit.* S. Aug. Epist. 55. cap. 19. n.º 35. Donc tout décret solemnel porté et sanctionné par l'église sur un objet de discipline quelconque, est tout à la fois et une preuve évidente de son droit, et une manifestation éclatante de sa doctrine. Donc le décret du concile général de Latran IV contre les Hérétiques, est péremptoire en faveur de la doctrine de l'Église Romaine. Donc il renverse de fond en comble tout l'échaffaudage du premier article de la déclaration gallicane. Or, voici la teneur de ce décret, en ce qui concerne les dépositaires de la puissance temporelle. C'est l'église universelle assemblée légitimement dans le St.-Esprit, qui parle et qui ordonne, qui dans les principes de l'Église Romaine, fait pour le maintien de la religion et pour les intérêts communs de tous les souverains eux-mêmes, l'usage le plus salutaire et le plus nécessaire de son autorité; mais qui dans les principes des Gallicans, est assez abandonnée de Dieu, pour ériger en loi le crime de Lèze-Majesté, pour consacrer et pour légitimer la félonie et la rebellion.

aliena? Voilà pour ceux qui en sont sortis: (*Quid est quod*) *deputatus es cum mortuis?* Voilà pour les uns et pour les autres. *Dereliquisti fon-*

Moneantur autem et inducantur, et si necesse fuerit, per censuram Ecclesiasticam compellantur sæculares potestates cujuscumque officii, etiam sicut reputari cupiunt et haberi fideles, ita pro defensione fidei præstent publicè Juramentum, quod de terris suæ jurisdictioni subjectis, universos hæreticos ab Ecclesia denotatos bona fide pro viribus exterminare studeant, ita quod a modo quandocumque quis fuerit in potestatem sive spiritualem, sive temporalem assumptus, hoc teneatur capitulum firmare. Si verò Dominus temporalis requisitus et monitus ab Ecclesia, terram suam purgare neglexerit ab hac hæretica fœditate, per Metropolitanum et comprovinciales Episcopos excommunicationis vinculo innodetur. Et si satisfacere contempserit infrà annum, significent hoc SUMMO PONTIFICI, *ut ex tunc ipse vasallos ab ejus fidelitate denuntiet absolutos, et terram exponat catholicis occupandam, qui eam exterminatis hæreticis sine ulla contradictione possideant et in fidei puritate conservent, salvo jure Domini principalis dummodo super hoc ipse nullum præstet obstaculum, nec aliquod impedimentum opponat, eadem nihilominus lege servata circa eos qui non habent Dominos principales. Concil. generale Lateran. IV sub Innocentio III., cap. 3 de hæreticis.*

Cependant le Concile général de Latran III. avoit déjà porté une loi semblable. Les Conciles généraux de Constance, de Latran V. et de Trente en ont renouvellé et confirmé par des décrets formels le droit et la légitimité, et les Souverains Pontifes dans le Concile général de Lyon I. et dans d'autres circonstances, ont agi en conséquence de cette loi et l'ont mise en exécution. Mais il n'importe; le grand Bossuet ayant décidé que c'étoit de la part de l'église autant d'attentats sacriléges renouvellés et exercés contre les droits de la puissance temporelle, eh bien! c'est un oracle qui a parlé : tout examen est superflu et lui seroit injurieux; on doit l'en croire sur sa parole. Le sentiment contraire, la doctrine de l'Eglise Ro-

tem sapientiæ; nam si in via Dei ambulasses, habitasses utique in pace sempiterna. Baruch. 3.

IV.

maine est un crime ou un ridicule aux yeux de ses admirateurs enthousiastes, aux yeux des Gallicans. La cause est finie selon ces messieurs; et les lois les plus sages de l'église universelle, et les actes d'autorité les plus salutaires pour toute la chrétienté, ne méritent plus que le mépris et la haine des peuples chrétiens, et sont dignes de tous les anathêmes. Cependant ils se feront gloire de reconnoître que l'église est assistée par le St.-Esprit, lorsqu'elle définit les objets de la foi et les règles des mœurs; mais par une inconséquence dont le seul esprit d'insubordination est capable, ils n'auront pas honte de vous soutenir que, dans l'exercice de son pouvoir législatif, que dans l'établissemens de ses lois disciplinaires pour le maintien de la foi et des mœurs, l'église peut alors s'écarter des règles de la foi et des mœurs, qu'elle n'est point conduite, point dirigée dans cette opération par le St.-Esprit, mais livrée à l'esprit de ténèbres et de mensonge, mais dominée et emportée par l'esprit d'intérêt d'orgueil et d'ambition. Voilà comment et jusqu'à quel point ils osent outrager et déshonorer l'église, pour maintenir leur fatal Système. Et c'est en portant de telles atteintes à la sainteté inviolable de l'épouse de Jesus-Christ, qu'ils se flatteront encore d'inspirer aux fidèles le plus profond respect pour sa discipline! Et c'est en rendant odieuse, en déprimant de la sorte l'autorité divine de son gouvernement, qu'ils prétendront avoir entretenu efficacement le peuple français dans les sentimens et les devoirs essentiels de la soumission et de l'obéissance qui lui sont dues! Quelle aveugle présomption! On peut en juger par les résultats; la révolution en est la preuve. Avec combien de raison l'église ne peut-elle pas se plaindre et dire de ces esprits contentieux, de ces hommes ingrats : *Filios enutrivi et exaltavi; ipsi autem spreverunt me?* Is. 1.

IV.

Le Système gallican principal obstacle à la contre-révolution en faveur de la Monarchie très-Chrétienne.

CEPENDANT sont-ce là tous les funestes effets du Système gallican? Non. Il en est un autre infiniment plus grave, plus sérieux, plus conséquent dans les conjonctures actuelles, et qui doit achever de le rendre à jamais odieux et détestable. Car non-seulement il a provoqué comme cause principale la chûte de la monarchie très-chrétienne et de la religion catholique qui en étoit le fondement, mais aujourd'hui même par la prépondérance exclusive qu'il conserve toujours sur les anciens principes, il met encore le plus grand obstacle à la contre-révolution la plus désirable et la plus ardemment désirée par les Gallicans eux-mêmes en faveur de l'une et de l'autre. Et en effet, quels seroient les premiers pas à faire pour opérer cette contre-révolution si salutaire; et par où faudroit-il commencer pour relever l'ancien édifice de la monarchie très-chrétienne, dans toute son intégrité et dans toute sa solidité? Il est évident qu'il faudroit commencer par lui rendre ses premières bases, et par rétablir les fondemens antiques à la faveur desquels elle avoit acquis tant de gloire et de dignité, tant de force et de stabilité. Il faudroit donc avant tout regarder le Système gallican comme non-avenu, se replacer à l'époque si heureuse de l'agrégation de la France à l'église, à l'empire de Jésus-Christ; puis renouveller avec franchise et dans la vérité la prestation de foi et hommage, que la nation entière, à l'exemple de son roi, fit alors à ce Dieu-homme avec tant de piété et de religion. CHRISTUS REGNAT, CHRISTUS VINCIT, CHRISTUS IMPERAT. Ainsi, reconnoître généralement et solemnellement Jesus-Christ pour le premier roi, le roi propriétaire et foncier de toute la France; adopter exclusivement et sans réserve la religion dont il est le pontife suprême pour base essentielle et fondamentale de la constitution, de la législation et du gouvernement civil de la nation, tels seroient les préliminaires indispensables et les premiers devoirs à remplir pour opérer une solide et véritable contre-révolution. Mais ces devoirs essentiels et préliminaires en renferment et en imposent plusieurs autres également essentiels, également indispensables. Car il faudroit par une conséquence évidemment nécessaire, que la France rentrât dans l'obéissance et la soumission dues à l'église romaine et catholique, comme dépositaire de la double puissance de son divin époux, comme chargée d'enseigner, de maintenir et de faire observer les lois inviolables de sa religion dans l'étendue de son divin empire, dans toute la chrétienté. Ce n'est pas tout : comme tous les malheurs de la révolution sont des châtimens visibles de la Justice divine et la punition éclatante de tant d'actes des désobéissance et d'insubordination, dont le corps de la nation s'est rendu coupable contre cette église mère et maîtresse, que faudroit-il encore ? Effacer tous ces crimes, toutes ces traces de rebellion, par une soumission pleine et entière à toutes ses lois, à tous ses décrets, à toutes ses ordonnances; revoquer ces appels *comme d'abus* si scandaleux et qui ont été des germes si funestes de révolte et d'insurrection (1); les détester,

___
(1). Et en effet qu'est-ce que la révolution qui vient de se développer à nos yeux épouvantés? Qu'est-

les annuller, les anéantir à jamais comme injurieux à l'Eglise Romaine, comme attentatoires à la dignité et à l'autorité suprême du St.-Siége Apostolique, et par suite rendre hommage à ses bulles si sages, si salutaires, si vénérables que la France a couvertes de tant de mépris et qu'elle a prophanées et lacérées avec tant d'insolence et d'indignité. Enfin il faudroit réparer une grande imprudence, recevoir avec respect les augustes décrets du dernier concile général, pour en faire désormais la régle de la discipline ecclésiastique et la base de la législation civile; et alors point de doute que sous le règne céleste et tout divin de Jesus-Christ, de sa religion et de son église, les grandes et monstrueuses injustices qui ont anéanti en France le Trône et l'Autel, ne fussent vengées et réparées; point de doute que l'héritier légitime de ce trône, que le clergé, que la noblesse, que la magistrature, en un mot que le chef et tous les ordres de l'état ne rentrassent et ne fussent réintégrés dans toutes leurs prérogatives, dans toutes leurs propriétés, dans tous leurs droits. Car il arriveroit alors à la France heureusement convertie et

---

ce autre chose, qu'un appel général *comme d'abus*, de toute la religion chrétienne, de tout ce que cette religion a de plus auguste et de plus sacré, au tribunal sacrilège d'une philosophie séditieuse, de l'orgueilleuse raison? Or voilà les conséquences des appels *comme d'abus*, des plus saintes ordonnances de l'église, interjettés par les Parlemens et érigés en principes de législation ecclésiastique et civile. Car tout acte particulier d'insubordination et de révolte, dès qu'il est impuni et qu'on s'en fait un droit, il ouvre immanquablement la porte à tous les autres, il autorise et justifie d'avance tous les autres. Et c'est ici qu'on peut appliquer cette maxime apostolique : *Quicumque autem totam legem servaverit, offendat autem in uno, factus est omnium reus.* Jac. 2.

pénitente, ce qui est arrivé tant de fois à ce peuple privilégié qui étoit en tout la figure des chrétiens; c'est-à-dire que le Seigneur, touché de son repentir et de son retour sincère à ses premiers engagemens, ne manqueroit pas de se souvenir de ses anciennes miséricordes, de se réconcilier avec un peuple si digne de pardon, de le rétablir dans son premier état, de le combler de nouvelles faveurs. *Convertimini ad me, et Ego convertar ad vos, dicit Dominus exercituum.* Zachar. 1.

Mais, ô prodige inconcevable d'aveuglement et d'obstination! C'est précisément à ce retour sincère, à ces réparations si salutaires et si indispensables, c'est à ces moyens si infaillibles de contre-révolution, que le Gallicanisme met le plus grand et le principal obstacle. Car c'est une maxime fondamentale de ce funeste Système, que le règne de Jésus-Christ dans ce monde, dans l'ordre civil, n'est qu'une chymère ultramontaine, et que ni la religion, ni l'Eglise Romaine, n'ont aucun droit dans les états, ni sur les gouvernemens politiques de la chrétienté. Or ce n'est pas ici la doctrine particulière de quelques individus obscurs sans caractère, sans réputation, sans talens; c'est la doctrine formelle des plus accrédités dans la nation par leurs dignités, leur science, leurs vertus; c'est la doctrine commune des grands comme des petits, des savans comme des ignorans, des plus religieux comme des plus impies; en un mot, c'est la doctrine publique de la nation entière. Car elle a répandu de si épaisses ténèbres et jetté de si profondes racines dans toute la France, que malgré tous les malheurs qu'elle a attirés sur cette infortunée monarchie, elle y jouit encore de tout son crédit et y exerce encore la plus impérieuse domination. On ne peut donc plus se le dissimuler;

non, il n'est pas possible que la France rentre de nos jours sous l'obéissance due à Jésus-Christ comme son premier roi, ni qu'elle rétablisse sa religion comme loi fondamentale, ni qu'elle se remette sous la direction maternelle de l'Église Romaine et sous la conduite pastorale de son chef. Le gallicanisme dont elle est généralement infectée, est bien trop prévenu, trop déchaîné contre les droits publics et suréminens de Jésus-Christ, de sa religion et sur-tout de son église, (1) pour lui en laisser concevoir le désir, pour

(1). On peut en juger par la manière partiale et licentieuse avec laquelle les Gallicans osent tronquer, altérer et déprimer la Bulle suivante :

Unam Sanctam Ecclesiam Catholicam et ipsam Apostolicam urgente fide credere cogimur et tenere..... Igitur Ecclesiæ unius et unicæ, unum corpus, unum caput, non duo capita, quasi monstrum, Christus videlicet et Christi Vicarius Petrus, Petrique Successor, dicente Domino ipsi Petro : Pasce oves meas, inquit, et generaliter non singulariter has vel illas, per quod commisisse sibi intelligitur universas. Sive ergo Græci, sive alii se dicant Petro ejusque Successoribus non esse commissos, fateantur necesse est se de ovibus Christi non esse : dicente Domino in Joanne : unum ovile et unicum esse Pastorem. In hac ejusque potestate duos esse gladios, spiritalem videlicet et temporalem, Evangelicis dictis instruimur. Nam dicentibus Apostolis, ecce gladii duo hic ; in Ecclesiá scilicet, cùm Apostoli loquerentur, non respondit Dominus nimis esse, sed satis. Certè qui in potestate Petri temporalem gladium esse negat, malè verbum attendit Domini proferentis : converte gladium tuum in vaginam. Uterque ergo est in potestate Ecclesiæ, spiritalis scilicet gladius et materialis ; sed is quidem pro Ecclesiá, ille verò ab Ecclesiá exercendus. Ille Sacerdotis, is manu Regum et militum, sed ad nutum et patientiam Sacerdotis. Oportet autem gladium esse sub gladio, et temporalem authoritatem spirituali subjici potestati. Nam cùm dicat Apostolus : non est potestas nisi à Deo : quæ autem sunt, à Deo ordinatæ sunt ; non autem ordinatæ essent, nisi gladius esset sub gladio, et tanquam inferior reduceretur

ne lui en ôter pas jusqu'à la pensée. La France lassée, fatiguée, révoltée de tous les excès du règne de l'impiété philosophique, pourra regret-

per alium in supremâ. Nam secundùm B. Dyonisium, Lex Divinitatis est, infima per media in supremâ reduci. Non ergo secundùm ordinem Universi omnia æquè et immediatè, sed infima per media, et inferiora per superiora ad ordinem reducuntur. Spiritalem autem et dignitate et nobilitate terrenam quamlibet præcellere potestatem, oportet tantò clariùs nos fateri, quantò spiritalia temporalia antecellunt. Quod etiam ex decimarum datione et benedictione et sanctificatione, ex ipsius potestatis acceptione, ex ipsarum rerum gubernatione claris oculis intuemur. Nam veritate testante: spiritalis potestas terrenam potestatem instituere habet, et judicare, si bona non fuerit: sic de Ecclesiâ et ecclesiasticâ potestate verificatur vaticinium Jeremiæ: Ecce constitui te hodie super gentes et regna: et cætera quæ sequuntur. Ergo si deviat terrena potestas, judicabitur à potestate spiritali: sed si deviat spiritalis minor, a suo superiori. Si verò Suprema, à solo Deo, non ab homine poterit judicari: testante Apostolo: spiritalis homo judicat omnia, ipse autem à nemine judicatur. Est autem hæc authoritas (etsi data sit homini et exerceatur per hominem) NON HUMANA, SED POTIUS DIVINA *ore divino Petro data, sibique suisque Successoribus in ipso quem confessus fuit, petra firmata: dicente Domino ipsi Petro:* Quodcumque solveris, &c. *Quicumque igitur huic potestati à Deo sic ordinatæ resistit, Dei ordinationi resistit; nisi duo, sicut Manichæus, fingat esse principia, quod falsum et hæreticum judicamus: quia testante Mose: non in principiis, sed in principio cælum Deus creavit et terram. Porrò subesse Romano Pontifici omni humanæ creaturæ declaramus, dicimus, definimus et pronuntiamus omninò esse de necessitate salutis.* Bulla dogmatica Bonifacii VIII, à Clemente V. confirmata et in corpus Juris canonici inserta atque adoptata.

Il n'y a que la conséquence, que la dernière proposition de cette Bulle qui exprime une vérité de foi, disent ici les Gallicans; encore faut-il l'entendre et la restreindre dans notre sens gallican, c'est-à-dire, dans un sens absolument exclusif de ce droit de su-

ter les beaux jours et les heureux tems de la monarchie très-chrétienne; mais on ne la verra point revenir aux principes fondamentaux, ni aux

périorité attribué à la puissance spirituelle, pour instituer, diriger et juger la puissance temporelle. Tous les argumens que le Pape fait valoir pour établir une telle supériorité, bien loin d'exprimer des principes de foi, ne sont que des raisonnemens humains qui ne prouvent rien. C'est le Souverain Pontife, le vicaire de Jesus-Christ, le chef de l'église, qui prononce, qui définit la conséquence, la dernière proposition de la Bulle, (dans le sens gallican), nous en convenons. Mais dans tout le corps de cette même Bulle, nous ne voyons que la personne privée, que le docteur particulier qui énonce des opinions humaines et qui prétend nous faire adopter ses rêveries, comme des principes de foi. En sorte que, selon notre Système, le Souverain Pontife, le Vicaire de Jesus-Christ, le chef de l'église consacre insidieusement dans le même décret l'opinion avec la foi; qu'il établit un point de doctrine sur l'erreur et la fausseté, et qu'il enseigne solemnellement et tout ensemble la vérité avec le mensonge. Voilà ce que nous soutenons. Et l'on aura beau dire, beau démontrer, beau nous presser, jamais nous ne nous départirons du jugement que nous avons porté sur cette Bulle; jamais on ne parviendra à nous détromper sur notre manière de voir à ce sujet; jamais nous n'abandonnerons des modifications qui sont comme le boulevard de nos précieuses libertés. Eh bien! non, M. les docteurs, non; ne vous rendez jamais même à l'évidence la plus palpable: soutenez avec obstination ce caractère de suffisance et d'attachement à votre sens propre, que vous avez adopté. Mais sachez aussi que vous fournissez des armes contre votre propre Système, en justifiant par votre invincible opiniâtreté le second chef d'accusation dont il est atteint et dont il va être convaincu. O que vos Adversaires les Schismatiques constitutionnels doivent vous avoir d'obligation de leur avoir appris à commenter, à interpréter d'une manière aussi commode

bases antiques et sacrées de cette glorieuse monarchie. Elle le voudroit en vain ; le gallicanisme, ce Système d'aveuglement et d'inconséquence, qui l'a précipitée dans les abymes du philosophisme, y mettroit lui seul une opposition d'autant plus invincible, que ses paradoxes anarchiques sont regardés par la généralité de la nation, comme des oracles divins, comme des maximes inviolables, comme des regles infaillibles. Non, cette multitude opiniâtre de Sorbonistes et de tant d'autres faux docteurs, qui depuis si longtems se sont coalisés pour soutenir et propager ce fatal Système, ne voudront jamais que la France en ait le démenti contre l'Eglise Romaine ; non, ils ne voudront jamais qu'elle fasse le sacrifice de leurs prétendues libertés gallicanes ; non, ils ne consentiront jamais à faire, pour l'y déterminer, l'abjuration publique et solemnelle de leurs pernicieux principes ; cette démarche seroit bien trop humiliante pour le Doctorat. Non, il ne sera pas dit que les plus grandes lumieres de la France catholique n'auront servi qu'à l'aveugler sur ses plus grands intérêts, qu'à conjurer, qu'à précipiter sa perte. Ils ont déclaré, ou du moins enseigné que ni Jesus-Christ, ni sa religion, ni son église, n'avoient aucun droit sur le gouvernement civil, aucun rapport avec le gouvernement civil,

---

les décrets dogmatiques qui leur sont contraires ; c'est-à-dire, à atténuer d'abord par de vaines chicanes, et à braver ensuite hardiment dans la pratique toute la force des jugemens Apostoliques portés contre eux ! O qu'ils vous sauront bon gré sur-tout de leur donner encore l'exemple de persister, de s'opiniâtrer, de s'endurcir dans l'état de rebellion et de schisme, où ils ne sont tombés qu'à la faveur des paradoxes anarchiques de votre scandaleux Système ! *Necesse est ut veniant scandala : verumtamen væ homini illi per quem scandalum venit !* Matth. 18, 17.

rien de commun avec le gouvernement civil, même depuis que les nations et leurs gouvernemens, que Jesus-Christ a soumis à son empire, l'ont reconnu solemnellement comme Pontife et comme roi *selon son humanité*, et lui ont rendu hommage en cette double qualité; il faut donc que leur déclaration, que leur doctrine prévalent par-dessus et contre tout, comme maximes Evangéliques, comme lois fondamentales; ils en ont fait le serment, et ils feront tout leur possible pour les faire prévaloir. *Hæc dicit Dominus: state super vias et videte, et interrogate de semitis antiquis, quæ sit via bona, et ambulate in eâ, et invenietis refrigerium animabus vestris. Et dixerunt: non ambulabimus.* Jerem. 6.

Ainsi la résolution en est formée sans retour, et M. les Gallicans, qui attendent avec tant d'impatience une contre-révolution en leur faveur et qui sont en cela si peu d'accord avec les impies dominateurs de la France, ne cesseront pas néanmoins, de concert avec ces impies par leur fatal Système, de s'opposer au projet de contre-révolution en faveur de Jesus-Christ, de sa religion et de son église. Ainsi la France toute entière par la connivence décidée de M. les Gallicans, n'est encore aujourd'hui qu'une grande faction formée par le Gallicanisme et par le Philosophisme, et maintenue par ces deux monstres dans un état de révolte et d'insurrection contre le Seigneur et contre son Christ. Ainsi la contre-révolution en faveur de la monarchie très-chrétienne et de la religion catholique comme dominante, est tout-à-fait désespérée. Car il est impossible qu'une rebellion aussi constante, qu'une impénitence aussi formelle puissent jamais trouver grace et miséricorde devant Dieu. Quel a été le grand crime, le crime capital de toute la France, celui qui a attiré la révolution avec tous ses excès, et comme résultat, et comme punition? C'est de s'être rendue depuis longtems coupable de félonie envers Jesus-Christ dont elle n'a plus voulu reconnoître la royauté temporelle dans la chrétienté et sur la chrétienté ; c'est d'avoir adopté, partagé la prévention et la fureur de ses parlemens contre ce dogme sacré et fondamental ; *cives autem ejus oderant eum* ; c'est d'avoir dit et fait dire par ses Gallicans ; nous ne voulons point que celui-ci règne sur nous ; *et miserunt legationem post illum dicentes : nolumus hunc regnare super nos.* Luc. 19. Nous n'avons point d'autre roi que César. *Non habemus Regem, nisi Cæsarem. Joan.* 19. (1) En un mot c'est

_____

(1) Ce n'est pas sans raison que l'on applique à la France Gallicane ces paroles des Juifs rebelles à Jesus-Christ. Car il est certain qu'elle n'a provoqué et adopté la fatale déclaration de 1682, qui dans son premier article prononce la nullité du règne de Jesus-Christ dans l'ordre civil, que parce que bien décidément elle ne vouloit plus que cet Homme-Dieu régnât sur elle dans l'ordre de son gouvernement temporel. En quoi elle s'est rendue coupable de la même rébellion que les juifs envers Jesus-Christ : car c'est justement dans l'ordre civil que les juifs n'ont point voulu rendre hommage, ni se soumettre à sa royauté divine et temporelle. On dira que les Gallicans ne se sont déclarés avec tant de chaleur contre cette royauté temporelle du fils de Dieu, que par des motifs de zèle, de dévouement, de fidélité envers nos rois, et pour maintenir leur indépendance dans le *temporel* contre Jesus-Christ, ou plutôt contre l'église romaine, dépositaire suprême de ses droits divins sur la terre. Eh bien! c'est pour des raisons et sous des prétextes à-peu-près semblables, que les juifs se sont élevés contre Jesus-Christ dont les miracles ne prouvoient que trop, qu'il étoit vraiment le roi d'Israël promis à leurs pères ; c'est pour soutenir aussi la souveraineté temporelle de César ; et

d'avoir par-là et autant qu'il étoit en elle, déposé Jesus-Christ de sa royauté, de l'avoir expulsé et chassé de son héritage et de l'avoir ainsi

dans la crainte d'encourir les effets de son indignation et de sa vengeance, qu'ils se sont révoltés contre Jesus-Christ, et qu'ils ont conjuré et demandé sa mort. *Si dimittimus eum sic, omnes credent in eum et venient Romani, et tollent nostrum locum et gentem. Joan.* 11, 48. *Si hunc dimittis, non es amicus Cæsaris; omnis enim qui se Regem facit, contradicit Cæsari. Joan.* 19, 12. Ainsi le crime est le même; que dis-je? il est bien plus grand de la part de la nation française, que de celle des juifs qui ne se sont portés à ces excès contre Jesus-Christ, que parce qu'ils ne le connoissoient pas. *Et nunc, fratres, scio quia per ignorantiam fecistis, sicut et Principes vestri. Act.* 3, 17. *Si enim cognovissent, nunquam Dominum gloriæ crucifixissent. I. Corinth.* 2, 8.

Au reste la royauté divine et temporelle de Jesus-Christ n'a été un sujet de scandale et de chûte pour les juifs et pour leurs coupables imitateurs, que parce que préoccupés par des vues charnelles et temporelles de bien public, ils n'ont point voulu en comprendre le divin mystère, ni en apprécier les avantages inestimables. *Lapis offensionis et petra scandali, his qui offendunt verbo.* 1 *Petr.* 2, 8. Ils l'ont abjurée, repoussée, rejetée comme contraire, comme préjudiciable à la royauté des princes de la terre; et cependant rien de plus vrai, rien de plus certain d'après les écritures, que cette ineffable royauté devoit être, comme elle l'a été en effet, le fondement inébranlable et le plus ferme appui de celle des rois de la terre. *Ecce ego mittam in fundamentis Sion lapidem, lapidem probatum, angularem, pretiosum, in fundamento fundatum. Is.* 28. *Qui crediderit in eum, non confundetur. I. Petr.* 2, 6. Que ne s'appliquoient-ils à découvrir, à saisir le vrai sens des écritures? Ils y auroient vu que Jesus-Christ en venant au monde, en s'annonçant comme roi des juifs, comme le dominateur en Israël, venoit non pour combattre et détrôner les rois, mais pour les rendre participans et

fait mourir civilement. *Coloni autem dixerunt ad invicem : hic est hæres ; venite, occidamus eum, et nostra erit hæreditas. Et apprehendentes occiderunt et ejecerunt extra vineam. Marc.* 12. Car ce crime de Leze-majesté contre Jesus-Christ, qui a provoqué la réprobation et la dispersion de la nation

dépositaires de sa royauté divine, et par là renouveller et affermir leur puissance ; non pour leur succéder et prendre leur place, mais pour consacrer et diviniser leur droit de succession héréditaire, et par là le rendre inviolable et imperturbable ; non pour autoriser la révolte et l'insurrection des peuples, mais pour régler et perfectionner leur soumission et leur fidélité ; non pour troubler et bouleverser les royaumes de la terre, mais pour les sanctifier et les pacifier, en les aggrégeant à son royaume céleste, en les soumettant à ses lois divines et à celles de son église. *Non veni solvere legem, sed adimplere. Matth.* 5, 17. *Quid est quod sic turbaris, Herodes ? Rex iste qui natus est, non venit Reges pugnando superare, sed moriendo mirabiliter subjugare : nec ideo natus est, ut tibi succedat, sed ut in eum mundus fideliter credat. . . . . Noli ergo eum timere Regni tui successorem, sed time infidelitatis tuæ justissimum damnatorem.* S. Fulgentius. Serm. in Epiphan. 4. *Christum venire quid times ? Non eripit mortalia, qui regna dat cælestia.* Hymn. Eccles. in Epiphan. Aussi est-ce une vérité, confirmée par l'expérience de tous les siècles, et qui est bien glorieuse pour Jesus Christ, que jamais les trônes n'ont été mieux affermis, ni les rois mieux assurés, ni plus florissans sur ces trônes, que depuis et tant que les nations devenues chrétiennes ont rendu hommage à la royauté temporelle de cet Homme-Dieu, et qu'elles ont persévéré dans la fidélité qu'elles lui devoient en sa qualité de roi des rois et de seigneur des seigneurs, et qu'elles devoient à son église comme dépositaire de ses droits divins et inviolables. *Gens enim et Regnum quod non servierit tibi, peribit : et gentes solitudine vastabuntur. Is.* 60.

nation Juive, de ce peuple si favorisé de Dieu, il est évident qu'il a attiré les mêmes malheurs sur la monarchie très-chrétienne devenue complice du même attentat. *Auferetur à vobis Regnum Dei. Matth.* 21. *Quid ergo faciet Dominus vineæ? Veniet, et perdet colonos : et dabit vineam aliis. Marc.* 12. *Verumtamen inimicos meos illos, qui noluerunt me regnare super se, adducite huc, et interficite ante me. Luc.* 19. Comment donc espérer que la colère de Dieu s'appaise et que le châtiment cesse, tant que la France persistera dans des sentimens de félonie et d'apostasie envers Jésus-Christ, le prince des rois de la terre? (Apocal. 1.) Comment prétendre qu'elle puisse jamais redevenir le royaume de Jesus-Christ, le royaume très-chrétien, tant qu'elle s'obstinera à ne vouloir pas reconnoître Jesus-Christ pour son premier roi, tant qu'elle ne voudra pas rentrer dans l'obéissance qui lui est due en cette qualité? Enfin comment les Gallicans peuvent-ils attendre une contre-révolution en leur faveur, tant qu'ils s'opiniâtreront pour un Système si favorable à la révolution qui vient de les exterminer? Ils voudroient donc la fin, sans en vouloir les moyens; ils voudroient donc la cessation du châtiment, sans cesser d'être prévaricateurs; ils voudroient donc pécher, et ne pas être punis; c'est-à-dire qu'ils souhaitent comme résultat une contre-révolution en faveur de la monarchie très-chrétienne et de la religion catholique, sans en vouloir et tout en en rejettant avec mépris les principes essentiels et les causes efficientes et fondamentales, et cela, parce qu'ils sont déterminés à renouveller et à soutenir les criminelles prétentions de leurs libertés gallicanes, dans le cas effectif de la contre-révolution dont il s'agit. Eh bien! cette contre-révolution n'aura point lieu. Non, elle n'aura point lieu, et il est impossible

M

qu'elle ait lieu avec des réserves et sous des conditions aussi injurieuses à Jesus-Christ, aussi humiliantes pour son église.

Mais s'ensuit-il que la religion catholique aura tellement disparu en France avec la monarchie très-chrétienne, qu'on n'y en verra plus aucune trace, aucun vestige, et qu'il n'y aura plus personne qui en fasse, ni qui veuille en faire profession? A Dieu ne plaise. Car la réprobation des Juifs, comme corps de nation, n'a pas empêché que Dieu ne s'en réservât une portion qui avoit été fidelle à son alliance et qui n'avoit pas fléchi le genou devant Baal. (Rom. 11.) Il en sera donc de même par rapport à la nation française, au milieu de laquelle, malgré son apostasie et sa réprobation, on verra briller, comme des astres dans le monde, par leur innocence, la simplicité de leur foi et la pureté de leurs mœurs (Philipp. 2.) tous les catholiques qui seront demeurés fidèles, et tous ceux qui s'étant égarés, reviendront faire hommage et rendre gloire à Jesus-Christ et à son église. Ainsi la religion catholique survivra en France à l'abolition de tous ses droits publics et extérieurs, et à l'anéantissement de la monarchie très-chrétienne. (1) Qu'arrivera-t-il donc et en quoi Dieu

---

(1) Il est vrai que la religion catholique aura perdu de grands et très-grands avantages par la dissolution de la monarchie très-chrétienne; il est vrai qu'étrangère à un nouvel ordre de choses, dont elle ne sera plus le fondement, ni la règle dominante, la tolérance civile sera le seul bienfait, qu'elle pourra en obtenir; mais enfin elle se maintiendra en France, elle y sera connue, elle y sera professée. Elle pleurera la perte d'un très-grand nombre de ses enfans; mais elle en sera consolée par la fidélité et la ferveur de ceux qui lui resteront attachés. Elle ne sera plus ni connue, ni protégée par la puissance civile; mais aussi elle ne sera plus ni dominée, ni

sera-t-il éclater particuliérement sa justice? Ce qu'il arrivera? C'est que M. les Gallicans seront, comme ils le méritent, les premières et les principales victimes de leur Gallicanisme et de la révolution qui en a été le résultat. Car il faut qu'ils soient punis temporellement et exemplairement de leur opiniâtreté persévérante pour un Système qui a compromis aussi essentiellement les intérêts publics de la religion catholique et de la monarchie très-chrétienne, et qui encore aujourd'hui met le plus grand obstacle à leur rétablissement. Ils en seront donc punis et comment? Par la perte totale et la privation irrévocable de tous les avantages temporels et si légitimes, qui leur étoient assurés au nom de la religion et dont ils devoient jouir dans une monarchie dont Jesus-Christ étoit le Seigneur propriétaire et le premier roi. C'est ainsi que Dieu se vengera de ces dépositaires infidèles, de ces prévaricateurs aveugles et incorrigibles. Punition d'autant plus équitable, d'autant plus méritée, qu'ils ne pourront s'en prendre qu'à eux-mêmes, qu'à leur déplorable aveuglement; qu'à leur obstination sans exemple; parce qu'enfin ayant par la partie civique de leurs sermens sacrifié, abandonné le temporel de la religion, la propriété de Jesus-Christ même, et n'ayant réclamé, réservé que le spirituel, il est juste qu'ils soient dépouillés

---

contrariée par cette puissance. Elle sera dépouillée de ses éminentes prérogatives et de tous les droits civils, qui lui étoient acquis comme religion de l'état: mais elle en sera dédommagée par le recouvrement de sa liberté toute entière dans l'ordre de son gouvernement spirituel. Enfin elle ne sera plus distinguée dans la nation et ne jouira plus des honneurs exclusifs du Culte extérieur; mais aussi elle ne sera plus ternie, plus déshonorée par les erreurs et les travers impunis du Gallicanisme, qui l'obscurcissoient et qui la défiguroient.

de ce temporel et qu'ils en soient réduits à n'avoir plus que leur spirituel. *Perditio tua, Israël: tantummodò* IN ME *auxilium tuum. Ubi est Rex tuus? Maximè nunc salvet te in omnibus urbibus tuis. Osee.* 13.

Mais en seront-ils quitte pour la privation et la perte de leurs droits temporels? Non, car après avoir sacrifié ces droits essentiels et si légitimes au maintien de leurs spécieuses, mais funestes libertés, ils finiront par perdre ces libertés elles-mêmes avec tous les prétendus avantages qu'elles comportoient. Et en effet il ne pourra plus en être question désormais. Il n'y aura plus de parlemens pour les soutenir et les défendre contre les réclamations de l'Eglise Romaine. Jesus-Christ en a fait dans sa colère une justice éclatante; et M. les Gallicans n'ayant plus à cet égard ni protection, ni appui dans la puissance civile et constitutionnelle qui ne les reconnoîtra que comme citoyens, et non comme catholiques, se trouveront dans l'heureuse impuissance de résister à l'Eglise Romaine, et de se mutiner contre son chef. Il ne s'agira donc plus de réclamer les anciens canons; il ne s'agira plus d'entreprendre de mettre des bornes et des entraves à l'exercice de l'autorité suprême du St.-Siége apostolique, du successeur de St.-Pierre. Il ne s'agira plus de lui contester et de lui disputer la plus essentielle et la principale de ses prérogatives, son infaillibilité. Non; mais il faudra obéir pleinement, obéir ponctuellement; mais il faudra recevoir avec respect, avec soumission, tous les décrets dogmatiques et disciplinaires de l'Eglise Romaine; mais il faudra en faire la règle invariable de sa croyance et de sa conduite. L'Eglise Romaine rentrera donc à l'égard des catholiques de France dans la plénitude de son autorité et dans toute l'étendue de sa juridiction. Elle n'aura plus à gémir des maximes erronées et scandaleuses des Gallicans, touchant la nullité du règne de Jesus-Christ dans l'ordre civil d'une monarchie très-chrétienne. Ces Messieurs, à peine tolérés comme catholiques dans le nouvel ordre de choses qui lui sera définitivement substitué, dût-il avoir une forme monarchique, apprendront par leur expérience ce que c'est pour des catholiques, qu'un règne absolument étranger à Jesus-Christ, à sa religion, à son église. Ils auront tout lieu d'apprécier et de regretter les droits si glorieux dont la religion catholique jouissoit et dont ils jouissoient eux-mêmes sous le règne triomphant et pacifique de Jesus-Christ et de son église. Ils auront tout le tems de déplorer et d'expier les atteintes essentielles qu'ils leur ont portées par leur aveugle et funeste obstination. Ainsi le dernier résultat d'une révolution qui aura été, sous tant de rapports, funeste à M. les Gallicans, deviendra contre leur attente et à leur grand étonnement, sous d'autres rapports une véritable contre-révolution en faveur du St.-Siége Apostolique, de l'Eglise romaine. *BENEDICTUS DOMINUS QUI EXALTAVIT EAM, ET SIT REGNUM EJUS IN SÆCULA SÆCULORUM SUPER EAM.* Amen. Tob. 13. (1)

(1) Dans le cas où quelques docteurs gallicans voudroient compromettre la doctrine de l'Eglise Romaine, ou plutôt se compromettre eux-mêmes, en dénonçant ce petit ouvrage aux supérieurs ecclésiastiques qui seuls ont le droit d'en connoître, on se flatte que leurs dénonciations n'auront pas un succès plus brillant, que celles qui ont été faites l'année dernière à S. A. Mgr. L'Evêque et Prince de N. contre un ouvrage sur l'Apocalypse écrit dans les mêmes principes, et que l'on n'a poursuivi avec tant de chaleur, que parce que les nouveautés gallicanes y sont combattues dans toutes les occasions, et réfutées victorieusement. Voici la lettre que l'auteur, averti

» MONSEIGNEUR. Quoique je fusse bien assuré
» que mon ouvrage ne contenoit rien de répré-
» hensible et que je ne disois que ce qu'il falloit
» dire, je prévoyois cependant qu'il auroit des
» ennemis ; parce que pour n'en point avoir, il
» faut parler le langage du siècle et flatter ceux
» dont la conduite ne mérite que des blâmes ; et
» c'est ce que je n'ai ni dû ni voulu faire : le
» but que je me proposoit ne me le permettoit
» pas. *Ita loquimur, non quasi hominibus placentes,*
» *sed Deo qui probat corda nostra. Neque enim*
» *aliquando fuimus in sermone adulationis, neque*
» *in occasione avaritiæ : Deus testis est : nec*
» *quærentes ab hominibus gloriam, neque à vobis,*
» *neque ab aliis. An quæro hominibus placere?*
» *Si adhuc hominibus placerem, Christi servus non*
» *essem. I. Thes. 2. Gal. 1.* D'où est venue la
» haine du monde contre Jesus-Christ ? De ce
» qu'il rendoit témoignage que ses œuvres étoient
» mauvaises. *Mundus me odit : quia Ego testi-*
» *monium perhibeo de illo, quod opera ejus mala*
» *sunt. Joan. 7.* D'où est venue la haine contre
» les Prophètes ? D'où est venue la haine contre
» les Apôtres et contre tous ceux qui ont révélé
» les vices et les défauts de leur siècle ? De la
» même cause. Pouvois-je faire autrement en par-
» lant de la révolution, que d'en déduire les
» causes ? Les écrivains n'ont-ils pas fait la même
» chose dans tous les tems, et ne falloit-il pas
» justifier la Providence ? Que ceux qui crient si
» haut et qui s'acharnent si fort contre mon

à tems de la dénonciation, a écrite à S. A. pour sa justification, et qui ne pouvoit pas manquer d'arrêter et de suspendre les effets d'une dénonciation appuyée sur ce motif entre autres révoltant, que la première édition de cet ouvrage avoit été condamnée autrefois par le parlement de Paris; comme si un tribunal civil étoit compétent pour connoître de ces sortes d'objets.

» ouvrage, lisent et voyent comme on a parlé
» dans des circonstances pareilles. Ils n'ont pas
» fait tant de bruit contre les ouvrages des Vol-
» taire, des Jean-Jacques, des Raynal et de
» tant d'autres impies qui ne cessoient de les dif-
» famer et d'attirer sur eux le mépris et la haine
» des peuples, aussi bien que sur la religion
» dont ils étoient les ministres. Quelles récla-
» mations ont-ils fait entendre, lorsque dans la
» déclaration des prétendus droits de l'homme,
» on a érigé les maximes de ces infames séduc-
» teurs en principes politiques? Quelles récla-
» mations ont-ils fait entendre contre les sermens
» exigés en faveur d'une constitution qui devoit
» être fondée sur ces détestables maximes? Voilà
» ce qui devoit exciter leur zèle, et ce qui méritoit
» leur animadversion. Pourquoi se sont-ils bornés
» à réclamer contre la constitution civile du
» clergé, qui n'étoit que schismatique et héré-
» tique, et que ses auteurs soutenoient être con-
» forme à la doctrine des Gallicans, tandis que
» la déclaration des prétendus droits de l'homme
» anéantissoit les droits de Dieu et de Jesus-Christ,
» tandis que la constitution qu'ils avoient con-
» sentie et à laquelle ils avoient souscrit, substi-
» tuoit à une monarchie et à un gouvernement
» chrétien, un gouvernement qui n'étoit fondé
» sur aucune religion, tandis que cette abomi-
» nable constitution consacroit le parjure et la
» rebellion, dépouilloit le roi de ses prérogatives,
» le clergé et la noblesse de leurs droits, et ne
» tendoit qu'au bouleversement et à la destruction
» de l'Etat? »

» Au reste je puis dire avec confiance ce que
» St. Paul disoit à ses juges; ils ne peuvent point
» justifier leurs accusations. *Neque probare pos-*
» *sunt tibi, de quibus nunc me accusant. Act.* 24.
» Ils auront beau crier, ils auront beau s'élever

» contre moi; je n'aurai qu'à leur opposer l'ou-
» vrage même qui excite leur clameur, il sera
» ma justification. Qu'ils attendent LE JUGEMENT
» DE ROME, je n'ai pas craint de l'y envoyer.
» Et comment n'est-on pas honteux, comment
» ne rougit-on pas d'invoquer contre moi le té-
» moignage d'un tribunal qui proscrivoit les
» bulles du St.-Siége, les mandemens et les ins-
» tructions pastorales des évêques, ainsi que tant
» de bons ouvrages faits pour la défense de la
» religion? Ces Messieurs trouveroient-ils bon
» qu'on invoquât contre eux un pareil témoi-
» gnage? La condamnation dont ils parlent, et
» qui date de plus de vingt ans, est à mon avan-
» tage: j'annonçois dès lors la révolution d'au-
» jourd'hui, et je l'annonçois comme devant
» arriver infailliblement avant la fin du siècle;
» ce fut un des motifs de la condamnation. Je
» n'étois donc ni un visionnaire, ni un faux
» prophète. Eh bien! ce que j'annonce pour l'a-
» venir, arrivera de même. Mes calculs sont
» également certains. Ceux qui ne veulent point
» y croire, peuvent les mépriser; mais ils ne
» peuvent pas montrer qu'ils ne sont pas fondés,
» ni que mes explications s'écartent de la vérité.
» Vous êtes trop équitable, MONSEIGNEUR, pour
» vous laisser prévenir par des plaintes vagues et
» mal fondées; c'est pourquoi j'ose espérer que
» V. A. n'y aura aucun égard, et que je pourrai
» continuer de compter sur sa bienveillance. J'ai
» retiré tous les exemplaires de l'ouvrage; ils sont
» en petit nombre, ils ne sont point à N. et ils
» ne se vendent point chez le libraire. Je ne les
» donne qu'à des personnes que je crois bien dis-
» posées. Ce n'est pas ma faute, s'il en est tombé
» en d'autres mains, et si des lecteurs peu judi-
» cieux me prêtent des intentions que je n'ai point.
» Je suis avec un profond respect etc. »

FIN.

OBSERVATIONS

De M.' H.-J.-A. PETIT, S. T. L. Chanoine, Exam. Synod. et Trésorier de l'Eglise Cathédrale de St.-Bavon à Gand.

Bref du Pape Innocent XI, adressé aux Membres de l'assemblée du Clergé de France de 1682, et contenant l'improbation des actes de cette assemblée dans l'affaire de la Régale et de tout ce qui en est suivi.

VÉNÉRABLES frères, salut et bénédiction Apostolique. La tendresse paternelle que nous portons à notre très-cher fils en Jesus-Christ, Louis, roi très-chrétien, à vos églises, à vous-mêmes et à tout le royaume, nous a fait ressentir la plus grande peine et la plus vive douleur, lorsque nous avons vu, par la lettre que vous nous avez écrite, en date du 3 février, que les évêques et le Clergé de France, qui étoient autrefois la couronne et la joie du siége apostolique, en agissent présentement à son égard, de manière que nous sommes forcés avec beaucoup de larmes d'emprunter ces paroles du prophète : *les enfans de ma mère ont combattu contre moi*; quoique ce soit plutôt contre vous-mêmes que vous combattiez, en nous faisant résistance dans une cause où il va du salut et de la liberté de vos églises, et dans laquelle ayant été appellé par quelques hommes pieux et courageux de votre ordre, pour maintenir de toutes vos forces la dignité épiscopale dans ce royaume, nous nous sommes levés sur le champ, et nous tenons ferme depuis long-tems, ne recherchant en rien nos intérêts particuliers, mais pour satisfaire à la sollicitude que nous devons à toutes les églises et à notre affection intime envers vous.

En ouvrant votre lettre, nous avons compris dès les premiers mots, qu'elle ne contenoit rien d'agréable, ni qui soit digne de vos noms; car outre ce qui y étoit rapporté touchant la forme observée dans la convocation et la tenue de votre assemblée, nous avons remarqué que cette assemblée même a débuté par la peur dont vous vous êtes laissés dominer, et sous l'influence et l'empire de laquelle les prêtres de Dieu ne peuvent jamais être ni courageux pour entreprendre, ni constans pour exécuter des choses difficiles, de grandes choses pour la religion, et pour la liberté de l'église. Or, c'est bien à tort que vous croyez pouvoir répandre cette peur dans notre sein : car notre sein doit toujours être le séjour et la demeure de la charité de J.-C., qui chasse dehors la crainte et qui la repousse loin de soi. On a pû connoître déjà par les preuves souvent réitérées et les grandes preuves que nous en avons données, et qu'il n'est pas nécessaires de rapporter ici, combien notre cœur paternel étoit embrasé de cette charité pour vous et pour le royaume de France; mais s'il y a quelque chose en quoi notre charité ait bien mérité de vous, nous croyons que c'est sur-tout cette affaire même de la Régale, d'où dépend, si l'on pèse la chose sérieusement, toute la dignité et l'autorité de votre ordre.

Vous avez donc craint là où la crainte est déplacée : vous ne deviez appréhender qu'une chose, c'étoit de vous mettre dans le cas de pouvoir être repris avec raison devant Dieu et devant les hommes, d'avoir manqué à ce que vous deviez à votre place, à votre honneur et à votre charge pastorale. Vous deviez rappeller dans votre souvenir les exemples de constance épiscopale et d'intrépidité qu'ont donnés anciennement dans des cas semblables, pour votre instruction, ces très-saints prélats, qui ont eu ensuite un si grand nombre d'imitateurs dans chaque siècle. Vous deviez jetter les yeux sur les tableaux de vos prédécesseurs, non-seulement de ceux qui se sont illustrés du temps des pères, mais de ceux dont la mémoire est encore toute récente ; et puisque vous faites valoir la parole d'Ives de Chartres, vous auriez dû, puisque la chose le demandoit, imiter ses actions. Vous savez combien il a fait et souffert dans cette altercation orageuse et périlleuse, entre le Pape Urbain et le roi Philippe, où il se crut obligé de tenir ferme contre l'indignation du roi, de se laisser dépouiller de ses biens, d'endurer la prison et l'exil, tandis que les autres abandonnoient la meilleure cause.

Il étoit de votre devoir de vous unir à l'autorité du siége apostolique, de plaider auprès du roi la cause de vos églises avec un cœur pastoral, avec une humilité sacerdotale, en instruisant sa conscience de l'affaire toute entière, au risque même de l'irriter contre vous, afin que vous puissiez désormais, en parlant à Dieu tous les jours dans la Psalmodie, proférer sans rougir ces paroles de David : *Je parlois de vos témoignages en présence des rois, et je n'en avois pas de confusion.* A combien plus forte raison deviez-vous en agir ainsi, eu égard à la justice et à la probité reconnue et à toute épreuve du meilleur prince, autant qu'à sa bonté singulière à écouter les évêques, à se montrer favorable aux églises, et à vouloir maintenir la puissance épiscopale dans toute son intégrité, comme vous l'écrivez vous-mêmes, et comme nous le lisons avec un grand plaisir dans votre lettre? Nous ne doutons pas, que si vous vous fussiez présentés devant le roi pour défendre une cause aussi juste, vous n'eussiez trouvé dans votre zèle et les expressions propres pour faire valoir vos moyens, et dans le roi un cœur docile pour se rendre à vos demandes.

Maintenant que vous avez perdu de vue en quelque manière votre devoir et l'équité du roi, en gardant le silence dans une affaire d'une si grande importance, nous ne voyons pas sous quelle apparence de fondement vous nous marquez que vous avez été forcés d'en agir ainsi; que vous avez eu le dessous dans la discussion, que vous avez perdu votre cause. Comment est-on vaincu quand on n'a pas combattu? Qui de vous a soutenu devant le roi une cause aussi importante, une cause aussi juste, une cause aussi sainte, aussi sacrée? Tandis néanmoins que vos prédécesseurs, exposés à la même épreuve et dans une crise semblable, l'ont défendue plus d'une fois auprès des rois de France antérieurs, et même auprès de celui-ci, avec la plus grande liberté, et sont sortis victorieux de son audience royale, en recevant même des récompenses du roi le plus équitable, pour avoir rempli avec courage leur devoir pastoral? Qui de vous est descendu dans l'arène, à l'effet d'opposer un mur pour la maison d'Israël? Qui a osé s'exposer à l'envie? Qui a prononcé une seule parole qui rappellât l'ancienne liberté? Cependant les ministres du roi ont crié, comme vous l'écrivez, ils ont crié dans une mauvaise cause en faveur du droit royal, tandis que vous gardiez le silence dans la meilleure cause, dans une cause où il va de l'honneur de Jesus-Christ.

Il n'y a pas plus de solidité en ce que, pour nous rendre compte, ou plutôt pour donner une excuse

excuse de la conduite que vous avez tenue dans cette assemblée, vous exagérez et le péril d'une division éclatante entre le sacerdoce et l'empire, et les maux qui pourroient en résulter pour l'église et pour l'état; en conséquence que vous avez jugé qu'il étoit de votre devoir de chercher et d'employer quelques moyens pour couper le cours à un différend prêt à s'élever : or que vous n'en avez pas trouvé de plus propre que le remède déterminé par les pères, celui d'une utile condescendance à tempérer les canons, lorsque les circonstances l'exigent et que la vérité de la foi et l'honnêteté des mœurs ne sont exposées à aucun danger; que votre ordre, que l'église gallicane, et même l'église universelle doivent beaucoup à un roi qui a si bien mérité de la religion catholique, et qui désire de lui être utile de plus en plus; qu'à ces titres vous vous êtes dépouillés de votre droit, pour le conférer à ce prince.

Nous passons ici sous silence ce que vous dites de l'appel que vous avez fait au magistrat séculier, et de la défaite humiliante que vous avez éprouvée de sa part; car nous désirons que la mémoire de ce fait soit effacée, et nous voulons que vous retranchiez ces paroles de votre lettre, afin qu'elles ne demeurent pas consignées dans les actes du clergé de France pour l'éternel déshonneur de votre nom. Ce que vous alléguez pour votre défense, en vous appuyant sur Innocent III, Benoît XII, Boniface VIII, ne vous justifie pas : il y a des écrivains qui ont montré dans des ouvrages savans, combien ces moyens sont frivoles et étrangers à la présente cause, et l'on connoît trop, pour qu'il soit besoin de rapporter en détail, avec quel zèle, quelle constance ces excellens pontifes ont défendu la liberté de l'église contre les puissances séculières; tant leurs exemples sont éloignés de pouvoir servir à l'appui de votre erreur.

N

Au reste, nous admettons volontiers et nous louons la maxime qui autorise à relâcher la discipline des canons, selon la nécessité des circonstances, lorsque cela se peut faire sans qu'il en résulte du préjudice pour la foi et les mœurs: bien plus, nous ajoutons avec St. Augustin, que l'on doit quelquefois tolérer pour le bien de l'unité, ce que l'on doit détester pour le bien de l'équité, et que l'on ne doit pas arracher l'ivraye, lorsque l'on court risque d'arracher en même tems le bon grain. Cela doit néanmoins s'entendre de manière, que cela ne soit permis que dans quelque cas particulier et pour un tems, et lorsque la nécessité l'exige instamment, comme il a été pratiqué par l'église, lorsqu'elle a rétabli sur leurs siéges les évêques Ariens et Donatistes qui avoient abjuré leur erreur, afin qu'ils continssent dans le devoir les peuples qui les avoient suivis. C'est toute autre chose, lorsque la discipline de l'église reçoit une atteinte essentielle dans toute l'étendue du plus vaste empire, pour un tems indéterminé, et au risque évident, qu'un tel exemple ne s'étende plus loin, bien plus lorsque le fondement de la discipline et de la hiérarchie ecclésiastique est renversé, comme il arriveroit nécessairement, si on laissoit mettre à exécution ce que le roi très-chrétien s'est permis récemment dans l'affaire de la Régale, par votre connivence, et même avec votre consentement, malgré la connoissance que vous aviez déjà de notre opposition à cet égard, et au mépris du serment solemnel, par lequel vous vous êtes liés à Dieu, à l'Eglise Romaine et à vos églises, lorsque vous reçutes l'empreinte du caractère épiscopal. Si en différant plus longtems on donnoit au mal le tems de s'augmenter et de prendre plus de consistance, et si, en vertu de la puissance suprême que Dieu nous a donnée sur l'église universelle, tout indignés que nous en sommes, nous n'improuvions pas solemnellement, en suivant les traces de nos prédécesseurs, des actes aussi illégitimes, d'autant plus que par l'abus de la Régale il est évident non-seulement que la discipline de l'église est renversée, mais que l'intégrité de la foi elle-même est essentiellement compromise, comme il est facile de le comprendre par la teneur même des édits du roi, qui lui attribue le droit de conférer des bénéfices, non comme provenant de quelque concession de l'église, mais comme inhérent à sa couronne.

Mais nous n'avons pû lire sans horreur ce passage de votre lettre, où il est dit, que vous vous êtes dépouillés de votre droit pour en investir le roi; comme si vous étiez les arbitres, et non les gardiens des églises qui sont confiées à vos soins, et comme si ces églises et leurs droits spirituels pouvoient être mis sous le joug de la puissance temporelle par les évêques, qui devroient se donner en servitude pour leur assurer la liberté. Certes vous reconnoissez vous-mêmes cette vérité, et vous l'avez confessée, lorsque vous avez dit ailleurs, que le droit de Régale étoit une servitude, qui dans ce qui regarde la collation des bénéfices, ne pouvoit être établi que par la concession, ou du moins par le consentement de l'église. De quel droit donc l'avez-vous accordé au roi, puisque les saints Canons défendent d'aliéner les droits des églises? Comment avez-vous pû vous déterminer à les abandonner, comme s'il vous étoit permis de déroger à l'autorité de ces mêmes canons?

Rappellez-vous les excellens écrits de cet illustre abbé de Clairvaux, appellé par vous avec raison la lumière non-seulement de l'église gallicane, mais de l'église universelle. Dans les avis qu'il donnoit au Pape Eugène relativement à sa charge, il lui disoit de se souvenir, que c'étoit à lui que les clefs avoient été données, que les brebis avoient été confiées ; qu'à la vérité ces clefs étoient communiquées à d'autres, et qu'il y avoit d'autres pasteurs préposés à la garde des troupeaux, mais que ces troupeaux leur étoient assignés de manière, que chacun d'eux individuellement n'en avoit qu'une portion individuelle, tandis que tous collectivement lui étoient confiés exclusivement ; qu'Eugène étoit le pasteur unique non-seulement des brebis, mais des pasteurs ; et qu'ainsi les autres évêques avoient été appellés, selon la disposition des canons, à partager sa sollicitude ; qu'à lui seul appartenoit la plénitude de la puissance. D'après ces paroles, autant nous sommes fondés à vous rappeller la soumission et l'obéissance que vous devez à ce Saint-Siége, sur lequel nous sommes élevés par l'autorité de Dieu, malgré notre indignité ; autant notre sollicitude pastorale nous excite-t-elle à commencer enfin à nous acquitter une fois dans cette affaire de notre devoir apostolique ; ce que nous n'avons peut-être que trop différé jusqu'ici, par un excès de longanimité, pour donner lieu au repentir.

C'est pourquoi, en vertu des présentes, et par l'autorité que le Dieu tout-puissant nous a confiée, nous improuvons, nous annullons et cassons les actes qui ont eu lieu dans votre assemblée relativement à la Régale, avec tout ce qui s'en est suivi, et tout ce qui pourroit être attenté par la suite, et nous les déclarons à jamais invalides et sans effet ; quoi qu'étant absolument nuls par eux-mêmes, ils n'eussent pas besoin d'une telle cassation, ni d'une telle déclaration. Nous espérons cependant, qu'après avoir examiné la chose de plus près, vous pourvoirez aux intérêts de votre conscience par une prompte rétractation, ainsi qu'à l'honneur et à la réputation du clergé de France, parmi lequel nous avons la confiance qu'il se trouvera toujours des ministres fidèles, comme il s'en est trouvé jusqu'ici, qui, à l'exemple du bon pasteur, soient tout prêts à donner leur vie pour leurs brebis, et pour l'alliance de leurs pères.

Quant à nous, nous sommes disposés, selon le devoir de notre charge, et avec le secours de la grace de Dieu, à offrir un sacrifice de justice et à défendre les droits et la liberté de l'église, ainsi que l'autorité et la dignité de ce St.-Siége, ne présumant rien de nous, mais espérant tout de celui qui nous fortifie et opère en nous, et qui a ordonné à Pierre de marcher sur les eaux. *Car la figure de ce monde passe et le jour du Seigneur approche.* Faisons donc en sorte, vénérables frères et chers fils, que lorsque le souverain père de famille et le prince des pasteurs voudra entrer en compte avec ses serviteurs, il ne nous redemande pas le sang de l'église perdu par notre faute, et qu'il a recherchée et acquise par son propre sang. Entretems, nous vous donnons du fond du cœur, et avec la tendresse de l'amour paternel, la bénédiction Apostolique, et nous souhaitons qu'elle soit accompagnée de la bénédiction du Ciel. Donné à Rome le 11 avril 1682.

On ajoute ici un des brefs du même Pape Innocent XI, à Louis XIV, sur le même sujet, en date du 27 décembre 1679, pour donner un exemple confirmatif de ce qui est dit dans une note de la brochure, pag. 114, savoir : Que les Papes ne font jamais usage de leur puissance coërcitive sur les rois chrétiens, que pour les empêcher de nuire, ou pour les punir de leur obstination à porter atteinte aux droits de la religion, sur lesquels reposent les fondemens de leur trône, le tout pour la conservation de l'intégrité de cette religion, ainsi que pour la stabilité des trônes eux-mêmes.

Or les partisans de la Régale qui formoient l'assemblée de 1682, non-seulement se sont obstinés à reconnoître et à consacrer en faveur du roi ce droit injuste, qui, en portant les plus mortelles atteintes aux droits de la religion, *ébranloient les fondemens du royaume, appuyés sur le respect des choses sacrées et sur le maintien et l'autorité des droits de l'église*; mais pour rendre inutiles et inefficaces les efforts tout-puissans du St.-Siége, qui ne tendoient qu'à la conservation des droits de la religion, qu'à l'affermissement de la monarchie elle-même, ils n'ont pas craint de s'en prendre à son autorité et de la restraindre au point de soustraire par le premier article de leur déclaration, les rois chrétiens à la jurisdiction coërcitive de l'église et de son chef. Eh bien! que l'on soutienne encore qu'ils n'ont provoqué en rien tous les malheurs qui viennent de fondre sur la religion catholique et sur la monarchie très-chrétienne; que l'on dise qu'ils n'ont pas fait tout ce qu'il fallait pour déterminer infailliblement, quoique de loin, l'anéantissement total de l'une et de l'autre; et une assemblée aussi coupable, une assemblée composée de personnages, que le Pape désigne sous le nom d'enfans rebelles, *filios dissidentiæ*, on osera nous la vanter comme la plus respectable des assemblées de l'église gallicane, du corps épiscopal de France!

Notre très-cher fils en Jesus-Christ, salut et bénédiction Apostolique.

Nous avons déjà dans deux lettres fait voir à votre majesté d'une manière claire et avec étendue, même d'après le témoignage unanime de presque tous les écrivains français et par les actes mêmes de vos archives, combien étoit injurieux à la liberté de l'église, contraire et étranger à tout droit divin et humain..... l'édit que vous avez rendu il y a sept ans, par lequel vous ordonnez l'extension de cette coutume de percevoir les fruits des églises vacantes, appellée Régale, aux églises mêmes qui n'ont jamais été assujetties à cet usage onéreux.

Cependant l'affection sincère et toute paternelle que nous vous portons, ainsi qu'à votre très-vaste royaume, ne nous permet pas de garder ultérieurement le silence sur une entreprise qui blesse si essentiellement l'honneur de Dieu, et qui vous expose vous-même à un si grand danger; mais nous sommes forcés de prier et de conjurer de nouveau V. M. du fond de notre cœur et dans les entrailles de Jesus-Christ, de se rappeller les paroles de ce même Jesus-Christ aux pasteurs de son église: *celui qui vous écoute, m'écoute*; et de vouloir bien nous écouter, nous qui vous tenons lieu de père, et d'un père le plus tendre, et qui vous adressons des paroles persuasives de vérité et de salut, plutôt que des *enfans rebelles*, qui n'ont du goût que pour les choses de la terre, et qui par leurs conseils, utiles en apparence, mais en effet pernicieux, *ébranlent les fondemens de ce royaume illustre, établi sur le respect des choses sacrées, et sur le maintien et l'autorité des lois de l'église*; lesquels certes, s'ils vouloient être tels que l'exigent impérieusement et leur dignité et leur devoir, et la bonté singulière que vous avez pour eux, devroient plutôt imiter la fidélité et l'intégrité de ceux qui ont autrefois occupé la même place; car on n'a pas oublié, et il n'y a pas si longtems qu'on a consigné dans les actes du clergé de France, avec quelle liberté ils ont, en pareil cas, averti les rois vos prédécesseurs, de se souvenir des promesses et du serment qu'ils avoient faits à Dieu dans la cérémonie de leur sacre, et au moment de recevoir les rênes du gouvernement du royaume, savoir *de faire servir avec zèle toute leur puissance à sa gloire divine, et d'être toujours prêts à répandre leur sang et à* donner leur vie pour la défense des droits et de la liberté de sa sainte Église.....

Vous vous procurez tant de gloire, et vous causez tant de joie à tous les gens de bien par les services si multipliés que vous rendez aujourd'hui à l'église, en détruisant les Synagogues et les temples des hérétiques.... vous devez néanmoins bien prendre garde, que ce que vous édifiez par votre main droite, c'est-à-dire, par l'effet de la piété, qui est née avec vous, vous ne le détruisiez par votre main gauche, c'est-à-dire, par la pratique des conseils de ceux qui font passer les ténèbres pour la lumière, et la lumière pour les ténèbres; d'autant plus que l'Apôtre nous avertit, *que celui qui viole la loi dans un seul point, est coupable, comme s'il l'avoit violée toute entière....* C'est pourquoi vous reconnoîtrez dans notre présente lettre, la juste douleur et les prières de tous ceux-ci (qui n'ôsant pas réclamer eux-mêmes, attendent l'effet de nos réclamations) bien plus, vous y reconnoîtrez la volonté de Dieu même, qui vous parle par notre bouche, et qui vous avertit sérieusement d'avoir soin que l'édit en question soit entièrement révoqué, et que tout ce qui a été fait et entrepris à son occasion, contre les droits et la liberté des églises, soit également réparé; autrement nous craignons beaucoup que vous ne soyez à la fin dans le cas d'éprouver les effets de la colère du ciel, comme nous vous l'avons déjà annoncé dans une lettre antérieure, et comme nous vous l'annonçons aujourd'hui ouvertement pour la seconde et troisième fois, bien malgré nous, sans doute, eu égard à la vivacité de notre tendresse pour vous; mais pour obéir à la voix de Dieu, qui nous y pousse au-dedans de nous-mêmes.

Nous n'employerons plus désormais la voye épistolaire pour poursuivre cette affaire, et nous ne serons pas non plus négligens à nous servir des remèdes qui dépendent de la puissance qui nous a été donnée de Dieu! et dont nous ne pouvons pas manquer de faire usage, sans nous rendre coupable de la plus grande négligence à l'égard de notre devoir Apostolique. Cependant quelque soit le désagrément ou le péril qui en résulte pour nous, quelque furieux, quelqu'horrible que puisse être la tempête, dont nous sommes ménacés, nous n'en sommes pas épouvantés; car c'est à cela que nous avons été appellés, et nous n'estimons pas notre vie plus précieuse que nous-mêmes; pleinement persuadés que l'on doit supporter non-seulement avec courage, mais avec patience, des tribulations pour la justice, dans lesquelles il faut se glorifier, ainsi que dans la croix de notre Seigneur Jesus-Christ; c'est la cause de Dieu que nous défendons, ne cherchant pas nos intérêts, mais ceux de Jesus-Christ. C'est avec lui, et non avec nous, que vous aurez à traiter désormais; c'est-à-dire, avec un Dieu contre lequel il n'y a point de sagesse, point de conseil, point de puissance qui puisse prévaloir.

CONSTITUTION *Inter multiplices* d'Alexandre VIII en date du 4 août 1690, qui condamne tant la Concession de la Régale, que la déclaration des quatre articles.

ALEXANDRE, serviteur des serviteurs de Dieu, pour la perpétuelle mémoire de la chose. Au milieu des soins multipliés qui partagent notre devoir pastoral, comme notre plus grand zèle et notre plus grande activité ont sans cesse pour objet de veiller à la conservation entière de tous les droits et privilèges de l'église universelle et des sociétés particulières, ainsi que des lieux sacrés et des personnes du clergé; de-là vient que nous avons et avec raison, rappellé d'une manière particulière à notre attention les actes que se sont permis, contre les droits des églises de leur nation et l'autorité du siége même Apostolique, nos vénérables frères les archevêques et évêques, ainsi que plusieurs autres membres du clergé de France, dans une assemblée d'états, tenue il y a plus de neuf ans, d'autant plus qu'ils ont porté les choses jusqu'à consentir à l'extention de la Régale dans toutes les églises de France, jusqu'à donner en outre de la publicité à la déclaration qu'ils ont alléguée; et le dirons nous? jusqu'à soutenir ou pallier ces attentats encore aujourd'hui avec toutes leurs suites, n'ayant compté pour rien, ou assurément pour peu de chose, tous les avertissemens qui leur ont été donnés et plusieurs fois répétés inutilement, pour les engager à se désister de leurs entreprises criminelles et de leurs injustes procédés.

Bien plus, afin de pourvoir le mieux qu'il est possible pour le présent et pour l'avenir, par une déclaration opposée et par une constitution, aux intérêts du siége Pontifical, de l'église universelle, de chaque société particulière et de toutes personnes du Clergé; enfin, après l'examen le plus exact des cardinaux et d'autres personnages très-savans, nous nous sommes déterminés à porter un décret, en vertu de l'autorité qui nous a été donnée d'en-haut, et cela à l'exemple d'Innocent XI, notre prédécesseur de sainte mémoire, qui, dans sa réponse en forme de bref, du 11 avril 1682, à la lettre du Clergé de France, a annullé, cassé et déclaré nuls à perpétuité les actes qu'il s'étoit permis dans son assemblée de Paris.

Nous déclarons donc aussi par les présentes et de notre libre et propre mouvement, que toutes les choses qui ont été faites dans cette fameuse assemblée du Clergé de France, tant dans l'affaire de l'extension de la Régale, que dans celle de la déclaration sur la puissance et la jurisdiction ecclésiastique, au préjudice de l'état et de l'ordre du Clergé, ainsi que du siége Pontifical, et tout ce qui en est suivi, par la volonté des personnes laïques, et même ce qui pourra peut-être par la suite être attenté à cet égard, nous déclarons que toutes ces choses ont été, sont et seront à perpétuité nulles de plein droit, invalides, sans effet, injustes, *condamnées*, *réprouvées*, illusoires, entièrement destituées de force et d'effet. Voulons aussi et ordonnons : que tous les regardent maintenant et toujours comme nulles et sans effet; que personne ne soit tenu de les observer, ni qu'en vertu de ces choses il ait été acquis, il soit, encore moins qu'en aucun tems, il puisse être acquis et appartenir à qui que ce soit, aucun droit, ou action, ou titre coloré, ou cause de prescription; fut-elle suivie de la plus longue possession. Nous statuons même, et nous ordonnons : qu'on doit les tenir à jamais pour non existantes et non avenues, comme si elles n'eussent point été mises au jour.

Et néanmoins, pour surabondance de précautions, de notre mouvement, sérieuse délibération et de la plénitude de la puissance pontificale, nous *condamnons* déréchef, nous *réprouvons* et dépouillons de leurs forces et de leur effet, les articles susdits et les autres choses préjudiciables, et nous protestons contre elles et de leur nullité devant Dieu; défendant toutes exceptions quelconques contre cette Bulle, sur-tout le prétexte de sub- et d'obreption, de nullité, ou d'invalidité, décernant au contraire, que les présentes sont et seront à jamais valides et efficaces; et qu'elles sortent et obtiennent leurs pleins et entiers effets; qu'il doit être par-tout jugé et défini de la sorte, par les juges ordinaires et délégués, quels qu'ils soient, leur ôtant et à chacun d'eux toute faculté et autorité de juger et d'interpréter autrement; que ce qui pourra être attenté à l'encontre sur ces choses, avec ou sans connoissance, par quelque personne, et en vertu de quelqu'autorité que ce soit, est sans effet et illusoire; qu'aucuns décrets des Conciles, soit qu'ils ayent été allégués, soit qu'ils le soient dans la suite par quelques personnes, n'auront aucune valeur contre la teneur des présentes, non plus que les autres prétentions, coutûmes, droits, constitutions, privilèges, lettres, indults des empereurs, princes, sages, sous quelque nom qu'ils paroissent; car nous voulons ôter à tous et à chacun de ces titres, et de plus, nous leur ôtons publiquement tout effet par notre diplôme, avec cette seule addition, qu'aux copies des présentes, même imprimées, souscrites de la main d'un notaire public, et munies du sceau de quelque personne constituée en dignité ecclésiastique, il soit ajouté la même foi qu'à l'original même, s'il étoit exhibé ou présenté.

EXTRAIT de la Constitution de N. S. P. le Pape Pie VI, contre le Synode de Pistoie, en date du 28 août 1794.

ET l'on ne doit pas passer sous silence cette insigne et frauduleuse témérité du Synode, qui non-seulement a osé prodiguer les plus grands éloges à la déclaration de l'assemblée Gallicane de 1682, depuis long-tems improuvée par le siége

siége Apostolique, mais qui s'est permis, pour lui donner plus d'autorité, de la renfermer insidieusement dans un décret intitulé *de la Foi;* d'adopter ouvertement les articles qu'elle contient, et de mettre le sceau, par la profession publique et solemnelle de ces articles, aux choses qui sont présentées par tout le contenu de ce même décret. En quoi non-seulement nous avons beaucoup plus de sujet de nous plaindre de ce Synode, que nos prédécesseurs n'en ont eu de se plaindre de cette assemblée : mais ce Synode fait à l'église Gallicane elle-même une grande injure, en la croyant digne que son autorité soit invoquée pour servir d'appui et de défense aux erreurs dont ce décret est souillé.

C'est pourquoi notre prédécesseur le Ven. Innocent XI, par ses lettres en forme de Bref du 11 avril 1682, et plus expressément ensuite Alexandre VIII par la constitution *Inter multiplices* du 4 août 1690, ayant, pour satisfaire à leur charge Apostolique, improuvé, cassé et déclaré nuls et sans effet les actes de l'assemblée gallicane dès qu'ils ont paru, à plus forte raison la sollicitude Pastorale exige-t-elle de nous, que nous réprouvions et condamnions l'adoption récente et accompagnée de tant de vices, qui en a été faite dans le Synode, comme téméraire, scandaleuse, et sur-tout après les décrets, portés par nos prédécesseurs, comme grandement injurieuse à ce siége Apostolique, ainsi que nous la *réprouvons* et *condamnons* par notre présente constitution, et voulons qu'elle soit regardée comme réprouvée et condamné. (*Voyez Collect. brev. de Pie VI part.* 2 *pag.* 198.)

O

RÉFUTATION des assertions d'un Docteur Gallican, relatives à la condamnation de la déclaration de 1682.

Un Docteur Gallican opiniâtrement attaché à son gallicanisme, et bien déterminé à garder le serment qu'il a fait de le soutenir, et de le faire prévaloir contre l'église Romaine, ce Docteur étourdi cependant par le passage de la constitution de Pie VI contre le Synode de Pistoie, que l'on vient de citer, a essayé dans le courant de l'année 1796, pour calmer sa conscience et celle de ses semblables, de leur persuader, et de se persuader à lui-même, que, nonobstant les constitutions d'Alexandre VIII et de Pie VI, on ne devoit pas regarder la doctrine des quatre articles comme réprouvée, et qu'il étoit aussi permis de continuer à la professer et à la défendre, que si ces deux Diplômes Apostoliques n'avoient point lieu. Voici les raisons qu'il en donne.

Il nous dit (et il faut l'en croire sur sa parole, car pour appuyer cette assertion il ne cite aucun passage ni du Bref d'Innocent XI, ni de la Constitution d'Alexandre VIII, ce qui étoit pourtant bien naturel et essentiel) il nous dit, que si les Papes ont condamné la déclaration des quatre articles de 1682, c'est qu'elle présentoit la forme d'un jugement épiscopal, et *sembloit* établir une doctrine particulière comme de Foi, sans la participation du St.-Siège, dont l'autorité se trouvoit par-là méprisée. Motif de condamnation que ce Docteur a emprunté de la défense de la déclaration par le grand Bossuet, à ce qu'il dit, mais dont Alexandre VIII ni aucun Pape n'ont jamais fait nulle mention, de sorte que, selon lui, ils n'ont condamné que le mode de la déclaration.

2°. Il ajoute, que dans sa constitution contre le Synode de Pistoie, Pie VI n'a également réprouvé que le mode de l'adoption faite par ce Synode de ladite déclaration, attendu que cette déclaration, improuvée autrefois elle-même aussi, quand au mode, se trouvoit insérée par le Synode dans son Décret intitulé *de la Foi*, et que ces articles *sembloient* y figurer comme autant d'articles de Foi; (toujours des *semblans*, des apparences, comme si le St.-Siège prononçoit sur des semblans, sur des apparences) mais que du reste le fond de la déclaration, c'est-à-dire la doctrine qu'elle contient, étoit demeurée intacte; qu'aucun de ces Papes ne l'avoit taxée d'erreur, encore moins d'hérésie, en sorte que, selon ce Docteur, de la condamnation de la déclaration de la doctrine de l'assemblée de 1682 (distinction subtile et très-heureusement imaginée) il ne s'ensuit pas que la doctrine de la déclaration de cette assemblée soit condamnée. Voilà ce qu'il prétend, et ce qu'il a publié dans un petit écrit non-imprimé, mais dont on a répandu des copies avec profusion, et dont le contenu a été accueilli avec enthousiasme, et comblé des plus grands éloges par ceux de son parti.

Mais il est aisé de faire voir que ce Docteur n'a cherché qu'à se faire illusion à lui-même et à ses semblables, car la grande raison qu'il fait valoir pour justifier la Doctrine Gallicane, c'est que la condamnation de la déclaration de 1682 porte, non sur le fond et la substance de cette pièce, mais sur le mode et la forme sous lesquels elle a été rédigée et présentée. Ce sont là, dit-il, les actes qui ont été réprouvés, cassés et annullés par Innocent XI et plus expressément par Alexandre VIII. Or, la lecture seule des Diplômes Apostoliques, rapportés plus haut, suffit pour reconnoître le faux de cette explication, car on voit d'abord que, par les actes que le St.-Siége a condamnés, on ne doit pas entendre ni le mode ni la forme de la déclaration des quatre articles ; mais deux objets très-réels et très-distincts, savoir la concession de l'extension de la Régale et la Déclaration des quatre articles. On voit en second lieu, que la condamnation qui en a été faite a pour objet, non la manière seulement dont ces actes ont été présentés et consommés, mais bien plus et par-dessus tout, le fond et la substance de ces actes. Les termes de la constitution d'Alexandre VIII ne laissent aucun doute à cet égard ; car ce Pape *condamne*, il *réprouve*, il annulle tout ce qui a été fait par la fameuse assemblée de 1682, au préjudice du clergé et du St.-Siége Apostolique, tant dans l'affaire de l'extension de la Régale, que dans celle de la déclaration sur la puissance ecclésiastique. Or, on le demande ici à ce subtil Docteur, n'étoit-ce pas le fond, bien plus que la forme, qui devoit être, et qui a été en effet préjudiciable à l'ordre du clergé dans l'affaire de la Régale, et au St.-Siége Apostolique dans celle de la déclaration des quatre articles ? Et en effet, étoit-ce le mode de l'extension de la Régale qui devoit peser sur le clergé et enchaîner sa liberté ? N'étoit-ce pas plutôt et exclusivement l'extension elle-même de ce droit usurpé et tyrannique ? De même n'étoit-ce pas le fond, la substance, c'est-à-dire, la doctrine de la déclaration, qui seule portoit atteinte à l'autorité du St.-Siége ? Et que pouvoit importer à ce Siége suprême le mode de cette déclaration, si elle n'eut énoncé rien de contraire ni de préjudiciable à ses droits sacrés et immuables ? C'est donc la chose en elle-même, bien plus que la forme, qui a été *condamnée*, réprouvée et annullée, tant dans l'affaire de l'extension de la Régale, que dans celle de la déclaration des quatre articles.

Ainsi c'est faute d'avoir pris connoissance de la constitution d'Alexandre VIII que le Docteur en question a osé prétendre et soutenir, que la condamnation de la déclaration de 1682 ne portoit que sur la forme, et non sur la doctrine de cette déclaration. Car enfin si Alexandre VIII eu condamnant cette déclaration comme préjudiciable au St.-Siége, comme contraire à son autorité, n'en a point condamné le fond et la substance, c'est-à-dire, la doctrine qu'elle énonce et qu'elle établit; eh bien! que l'on sépare, que l'on rétranche de cette déclaration la doctrine qu'elle contient, on demande ce qui restera de cette même déclaration, et en quoi elle pourra être contraire au S.-Siége et à son autorité?

Il est vrai que la doctrine de cette déclaration n'a pas été déclarée formellement comme hérétique, ni comme erronée, mais le Docteur a tort de s'en prévaloir comme d'un moyen victorieux et décisif, pour conclure que la condamnation de la déclaration ne tombe que sur le mode, et non sur la doctrine de cette déclaration, et qu'ainsi cette doctrine est demeurée intacte et autorisée dans l'église, non-obstant la condamnation de la déclaration de cette doctrine. Car il faut donc qu'il suppose que l'église n'a véritablement le droit de proscrire une mauvaise doctrine quelconque, qu'en la condamnant comme hérétique, ou comme erronée, et que toutes les fois qu'une proposition condamnée par l'église ne se trouve pas notée d'hérésie, ou d'erreur, on est en droit ou de mépriser la condamnation, ou du moins de la faire retomber toujours sur tout autre chose, que sur le fond de la proposition condamnée. Ainsi des 85 propositions individuellement condamnées dans le Synode de Pistoie, il sera permis, malgré la condamnation qui en a été faite, d'en soutenir encore le plus grand nombre et la majeure partie, car il n'en est guère que le quart qui en ayent été notées d'hérésie ou d'erreur : quelle heureuse découverte pour les novateurs et leurs partisans !

La doctrine des quatre articles n'a pas été formellement condamnée comme hérétique, ou comme erronée. Non, mais elle affecte le Juge suprême des controverses, dont elle restreint l'autorité ; et dès lors, quoiqu'infiniment perverse et criminelle, elle ne peut pas être l'objet d'une définition formelle de la part de ce Juge suprême, ni être condamnée par lui comme hérétique, ni comme erronée ; car il définiroit par-là d'une manière expresse et contradictoire son autorité, qui, étant établie pour être le fondement immuable et perpétuel de l'Eglise et de la Foi, est par sa nature et dans ses attributs essentiels, antérieure à toute définition non-susceptible d'aucune définition : or ce procédé implique évidemment contradiction. En vain les Gallicans dans les principes de leur système anarchique, invoqueront-ils un autre tribunal que celui du Souverain Pontife, pour former une telle définition. Ce Juge suprême n'en connoît point d'autre que le sien qui soit en droit de prononcer définitivement et en dernier ressort sur la doctrine. Les conciles, même généraux, ne peuvent rien à cet égard sans leur chef, qu'avec leur chef, que par leur chef, qui est toujours leur chef, et par conséquent toujours Juge suprême et en dernier ressort de toutes les controverses en matière de doctrine. C'est l'erreur contraire ; on l'a déjà dit et démontré dans la brochure, et on aura encore plus d'une fois l'occasion de le remarquer; c'est l'erreur contraire qui, appliquée au gouvernement civil, a miné sourdement et insensiblement l'autorité suprême de nos Rois, et qui depuis longtems a provoqué et enfin fait recevoir si généreusement sans contradiction en 1790 cette incohérente constitution Monarchico - Démocratique ou Aristocratique, qui a déterminé sans retour les malheurs de la France catholique.

La doctrine des quatre articles n'a pas été formellement condamnée comme hérétique, ni comme erronée; mais elle a été condamnée comme préjudiciable au Saint-Siége et contraire à son autorité. C'est le seul moyen praticable que ce Siége suprême puisse employer pour maintenir, sans se compromettre, ses droits divins et immuables; mais c'en est assez; des enfans respectueux et soumis n'en demandent pas davantage: ils savent que résister au St.-Siége et à celui qui y est assis, c'est résister à l'ordre de Dieu, et s'attirer un jugement de condamnation. *Qui resistit potestati, Dei ordinationi resistit. Qui autem resistunt, ipsi sibi damnationem acquirunt.* Rom. 13.

Enfin la doctrine des quatre articles n'a pas été formellement condamnée comme hérétique, ni comme erronée, non; mais il y a plus, c'est qu'elle est mille fois plus pernicieuse, mille fois plus condamnable qu'une hérésie quelconque, qu'une erreur particulière; et la raison est, qu'en attaquant le St.-Siége, en restreignant, en déprimant son autorité, elle ébranle les fondemens de la foi, elle favorise toutes les rebellions et toutes les hérésies, et provoque par-là même la dissolution et le bouleversement de l'église et de l'état. La brochure qu'on a entrepris de justifier ici en fournit des preuves sans replique. On y renvoye.

Aussi avec quel zèle et quelle fermeté les Souverains Pontifes ne se sont-ils pas opposés constamment à l'enseignement public, ou à l'établissement solemnel de cette doctrine, toutes les fois que les faits sont parvenus officiellement à leur connoissance? Témoins par une multitude de preuves qu'on pourroit en donner, témoins les deux Brefs de Clément XI, qui prouvent d'une manière aussi claire que le jour, que c'est la doctrine et non le mode de la déclaration qui est condamnable, et qui a été condamnée comme une doctrine d'anarchie et de rebellion, qui ne tend qu'à produire et à fomenter le trouble et la division dans l'église et dans l'état (1).

(1) Innocent XIII, à l'exemple de Clément XI, son prédécesseur immédiat, a donné en 1723 une preuve bien éclatante, que c'étoit la doctrine et non le mode de la déclaration, qui avoit été réprouvée par le St.-Siége, et en voici l'occasion. Dans le tems même que l'instruction pastorale du cardinal de Bissy en faveur de l'infaillibilité du Pape venoit d'être vengée par un édit du roi contre les calomnies des Quenellistes, M. de Rastignac, évêque de Tulles, et nommé depuis peu par le roi à l'archevêché de Tours, avoit osé présider à Paris une thèse publique, où l'on soutenoit, entre autres propositions, 1.° *le Pape n'est pas infaillible*; 2.° *Il est inférieur aux Conciles généraux*; 3.° *Il peut être jugé par eux*; 4.° *Il appartient de droit divin aux évêques de définir les dogmes de la foi en jugeant avant, avec et après le Pape.* Voilà bien le fond, la substance, c'est-à-dire, la doctrine de la déclaration, et l'on ne peut pas dire qu'il y soit question ni du mode, ni de la forme sous lesquelles elle a été rédigée, puisque la thèse ne fait pas même mention de cette déclaration. Eh bien! le Pape Innocent XIII refusa net à M^r. de Rastignac ses bulles de confirmation pour l'archevêché de Tours, et ne consentit à les lui accorder, que sous la condition préalable, qu'il réprouveroit la doctrine contenue dans la thèse qu'il avoit présidée. C'est pourquoi, sur les instances du Nonce apostolique, ce prélat écrivit au Pape une

Il n'est donc pas surprenant que Pie VI, animé du même zèle que ses prédécesseurs et constant dans les mêmes principes, ait réprouvé l'adoption

---

lettre dans laquelle il professa et défendit la doctrine contradictoire à celle de la thèse en question (Hist. Ecclés., tom. 71, livre 222, sect. 26, pag. 605). Et les Gallicans oseront dire que la doctrine de la déclaration est demeurée intacte; que c'est une de ces opinions libres et tolérées même par le St.-Siége? Cependant si les Souverains Pontifes ont tenu si ferme dans le tems de la monarchie et sous la tyrannie des parlemens, que ne feront-ils pas pour maintenir les droits suprêmes et inviolables de leur Siége, aujourd'hui qu'ils ont recouvré toute la plénitude de leur jurisdiction sur les églises de France, aujourd'hui qu'ils n'éprouveront plus d'obstacle ni de contradiction dans l'exercice de leur ministère apostolique de la part de ces tribunaux audacieux et anti-ecclésiastiques? On peut donc espérer que par l'effet de leur sollicitude pastorale, les églises catholiques de France ne tarderont pas à se déclarer hautement en faveur des anciens principes de l'église gallicane touchant les divines prérogatives du St.-Siége, et que, dégagées de l'opposition Parlementaire, elles rejetteront avec horreur ce fatras de principes incohérens et de libertés anarchiques auquel les églises batardes des schismathiques, ci-devant constitutionnelles, doivent leur existence et leurs plus grands moyens de défense.

On ne peut pas terminer cette note sans dire un mot à la louange du cardinal de Bissy, auteur de l'instruction pastorale dont il est question plus haut, et qui a été, comme l'on sait, le successeur immédiat du grand Bossuet dans l'évêché de Meaux, où il est décédé en 1737. Or, on doit rappeler ici à sa gloire et pour l'instruction des gallicans, qu'il a été aussi une des plus grandes lumières de l'église gallicane, et néanmoins l'un des plus ardens défenseurs des dogmes de l'Eglise Romaine, et en particulier de son infaillibilité. (Hist. Ecclés. Tom. 75. liv. 235. Sect. 25, pag. 555). En sorte que sa mémoire sera d'autant plus chère à l'église gallicane, qu'il a travaillé plus efficacement à effacer la tache que lui

faite par le Synode de Pistoie de la déclaration des quatre articles de 1682; et le docteur se fait encore ici illusion, en voulant faire retomber la condamnation de Pie VI, non sur l'adoption de ces articles en elle-même, mais seulement sur les vices dont elle est accompagnée. Car, on n'a qu'à lire le passage de la constitution de Pie VI rapporté plus haut, et l'on verra que le Pape ne s'est pas contenté de condamner comme téméraire et scandaleuse l'adoption de ces quatre articles, à cause des vices dont elle étoit accompagnée, et qui sont rappelés dans le préambule de la condamnation, mais qu'il l'a encore réprouvée comme très-injurieuse au St.-Siége apostolique, à cause du mépris qu'elle annonçoit pour les diplômes de deux de ses prédécesseurs, qui, en improuvant les actes de l'assemblée de 1682, avoient improuvé conséquemment la déclaration des quatre articles. Ainsi ce que Pie VI condamne et réprouve, ce n'est donc pas la manière seulement dont le Synode a adopté cette déclaration, en la plaçant dans son décret sur la foi; ce n'est pas seulement encore l'usage qu'il prétendoit en faire pour justifier et soutenir ses erreurs; c'est l'adoption elle-même de cette déclaration, qui, indépendamment de toute autre circonstance, est par elle-même très-injurieuse au Saint-Siége, puisque c'est un acte de rebellion contre ses décrets.

Mais on a vu plus haut, que cette déclaration avoit été condamnée autrefois par le Saint-Siége, non quant au mode, mais pour le fond, et quant à la doctrine; par conséquent c'est l'adoption d'une doctrine condamnée, faite d'ail-

---

avoit imprimée son prédécesseur, et à réparer le scandale que ce dernier avoit en même-tems donné à toute l'église, par sa coopération principale dans la déclaration et la publication des quatre articles.

leurs avec des circonstances criminelles, que Pie VI condamne et réprouve dans le Synode de Pistoie, comme téméraire, scandaleuse et très-injurieuse au Saint-Siége. La preuve, c'est que si l'on sépare de la déclaration la doctrine qu'elle renferme, et ensuite l'on suppose que le Pape n'a condamné que l'adoption du mode, et non celle de la déclaration, dans cette hypothèse Pie VI est en contradiction avec lui-même : sa condamnation est chimérique, et il manque son but. Car, il est évident que ce n'est pas du mode de la déclaration, que le Synode prétend s'autoriser pour appuyer ses erreurs, mais bien de la doctrine contenue dans cette déclaration; que c'est à la doctrine et non au mode de la déclaration, que se rapportent les grands éloges qu'il en a faits; enfin que c'est la doctrine et non le mode de la déclaration, qu'il a voulu insérer dans son décret sur la foi. Cependant, selon le docteur, le Souverain Pontife n'a condamné que l'adoption du mode et non celle de la doctrine de la déclaration. Eh bien! la condamnation en ce sens est illusoire, elle porte à faux, et il s'ensuit que le synode, nonobstant cette condamnation, n'en peut pas moins s'en retrancher, sinon sur le mode seulement condamné de la déclaration, et dont il n'a nul besoin, au moins sur la doctrine de cette déclaration, prétenduement restée intacte, et pourtant seule nécessaire pour justifier ses erreurs. Voilà la conséquence claire et directe de l'explication du docteur. Dans quelles absurdités l'on s'engage, quand on veut soutenir à tort et à travers un Système désespéré! Il est donc constant, et il faut le reconnoître, si l'on ne veut pas favoriser les prétentions des novateurs, il est constant que Pie VI, en condamnant l'adoption de la déclaration des quatre articles, dans le Synode de Pistoie, a condamné en effet et réprouvé l'adoption de la doctrine déjà proscrite de cette déclaration.

Le docteur en impose encore au public, quand il avance que lors de la réconciliation de la France avec le Saint-Siége en 1692, Innocent XII n'a point exigé des évêques non-bullés, qui avoient été membres de l'assemblée de 1682, la rétractation de la doctrine de la déclaration à laquelle ils avoient eu part, comme s'il étoit possible de rétracter la déclaration d'une doctrine, sans rétracter la doctrine de cette déclaration, et que du moment que le Pape exigeoit l'un, il n'eut pas exigé l'autre, qui en étoit inséparable. Ces évêques ont donc fait leur rétractation dans le sens naturel qu'elle leur a été demandée par le Souverain Pontife, et ce seroit leur faire injure, que de leur attribuer à l'égard de leur chef la même supercherie et les mêmes moyens sophistiques dont le docteur que l'on réfute, ne rougit pas de faire usage pour défendre sa mauvaise cause. Voici comme ils parlent au Souverain Pontife dans leur lettre de repentir et de soumission : qu'on juge si elle n'est pas marquée au coin de la droiture et de sincérité épiscopale.

« Tandis qu'au milieu de l'allégresse et de la
» félicité de l'église, tous les troupeaux chrétiens
» ressentent des bienfaits de votre sollicitude pa-
» ternelle, et qu'ils trouvent un accès facile dans
» le sein de votre bienveillance pontificale, il
» n'est rien qui ait pû nous causer une peine
» plus sensible, que de voir que nos affaires en
» sont encore aujourd'hui au point, que jus-
» qu'ici il paroît en quelque manière impossible,
» que nous ayons part aux bonnes grâces de
» Votre Sainteté. Nous avons compris, que cette
» mésintelligence venoit, de ce que nous nous
» étions trouvés à l'assemblée du Clergé de France
tenue

» tenue à Paris, en 1682. C'est pourquoi, pros-
» ternés aux pieds de votre Béatitude, nous pro-
» fessons et nous déclarons, que nous ressentons
» au fond du cœur une peine vive et inexpri-
» mable des choses qui ont été faites dans cette
» assemblée, et qui ont grandement déplu à
» Votre Sainteté, ainsi qu'à ses prédécesseurs;
» et en conséquence *nous regardons et nous dé-*
» *clarons, qu'on doit regarder comme non déclaré,*
» *tout ce qui a pû être censé décrété dans la même*
» *assemblée contre la puissance ecclésiastique et*
» *contre l'autorité pontificale.* » Le reste de la lettre concerne la rétractation de la concession de la régale.

C'étoit donc contre la puissance ecclésiastique et l'autorité Pontificale, que *quelque chose* avoit été décrétée, du moins en apparence, par l'assemblée de 1682; mais on ne peut pas dire que ce *quelque chose* fut le mode de la déclaration; car un mode, une forme quelconque de déclaration décrétée, *ou censée décrétée contre la puissance ecclésiastique et l'autorité pontificale*, subsisteroit sans aucun sujet ou matière décrétée : cette proposition est absurde, et n'a pas le sens commun. Ce *quelque chose* étoit donc le fond et la substance, c'est-à-dire, la doctrine de la déclaration, qui avoit pû être censée décrétée contre cette puissance et cette autorité. Eh bien ! c'est ce *quelque chose*, c'est-à-dire cette doctrine, qui avoit déplu au St.-Siége, et que le St.-Siége avoit réprouvée comme contraire et préjudiciable à son autorité. C'est, dis-je, ce *quelque chose*, cette doctrine, que ces évêques résipiscens veulent qu'on regarde comme non déclarée, comme rétractée par conséquent. Et en effet, si ces Prélats n'ont rétracté que le mode, et non la doctrine de la déclaration, comme le prétend le docteur, il faut dire qu'ils ont usé d'équivoques et de restrictions mentales à l'égard de leur chef, eux qui les ont néanmoins condamnées si solemnellement dans leur assemblée de 1700. Car ils ne pouvoient pas ignorer que c'étoit la doctrine de la déclaration qui avoit déplu au St.-Siége, parce que c'étoit elle, et non la forme sous laquelle elle avoit paru, qui contrarioit et qui attaquoit directement la puissance ecclésiastique et l'autorité Pontificale. On devroit donc les regarder comme de nouveaux Ananies, qui ne cherchant qu'à tromper le successeur de Pierre, lui auroient menti en face et auroient mérité cette sentence du prince des apôtres: *Ce n'est pas aux hommes que vous avez menti, mais à Dieu.* Act. 5, 4. Mais non; dociles à la voix du Pasteur des Pasteurs, ils ont révoqué sincèrement des articles qui n'avoient été déclarés, que pour enchaîner la puissance ecclésiastique et l'autorité pontificale, dont les régalistes avoient tout à craindre; ils les ont révoqués et rétractés sous le rapport sous lequel ils avoient été considérés et reprouvés par le St.-Siége, c'est-à-dire, comme contraires et préjudiciables à son autorité; et par-là ils ont réparé suffisamment les atteintes que ces articles étoient dans le cas de porter à des droits essentiels et fondamentaux, qui n'étant pas susceptibles d'une définition formelle par la condamnation des erreurs contradictoires, ne peuvent se maintenir que par l'attention vigilante du St.-Siége, à reprouver toute doctrine, tout usage contraire, pour empêcher qu'ils ne prévalent contre l'enseignement public et l'exercice constant des mêmes droits. C'est ainsi qu'ils ont satisfait au St.-Siége et à toute l'église, et c'étoit tout ce que demandoit le Pape Innocent XII.

L'Anecdote suivante qui est parvenue à la connoissance de l'auteur, est trop intéressante et trop avantageuse à sa cause, pour ne pas se trouver parmi ses moyens de justification. Voici le fait :

M. l'Abbé de . . . . vicaire-général du diocèse de . . . . savoit et voyoit avec peine, qu'un ecclésiastique de Paris, homme de mérite, et l'un de ses amis, donnoit depuis son émigration dans les excès et les travers de la doctrine ultramontaine. C'est ainsi que s'expriment, comme l'on sait, les docteurs Gallicans, quand ils veulent désigner et caractériser la doctrine apostolique de l'Eglise Romaine. Pour le faire revenir de son prétendu égarement, il crut que le moyen le plus efficace étoit de lui envoyer la brochure intitulée : *le Systême Gallican atteint et convaincu, &c.*; persuadé qu'il ne manqueroit pas d'être révolté, autant qu'il l'avoit été lui-même, du fanatisme ultramontain et dégoûtant qui règne dans cette pièce extravagante, et qu'il n'en faudroit pas davantage pour le faire revenir et l'attacher fermément et plus constamment à la doctrine raisonnable et plus modérée de l'église gallicane. Mais quelle fut la surprise de notre grand-vicaire, quand il reçut de son ami la réponse suivante :

« Monsieur, je profite de l'occasion qui se
» présente pour vous remercier de nouveau de
» la brochure que vous m'avez fait l'amitié de
» m'envoyer. J'avois déjà les mêmes idées que
» l'auteur sur la Déclaration de 1682 : je la
» regardois comme une tache pour le Clergé de
» France, comme une nouveauté et une con-
» tradiction avec les sentimens de l'église de
» France antérieure, et avec les sentimens de
» nos plus grands évêques postérieurs à cette as-
» semblée, comme un bouclier présenté à tous
» les sectaires contre les décisions de l'Eglise
» Romaine, et comme un acheminement à un

» schisme inévitable. D'ailleurs, puisque cette
» déclaration a été condamnée par le St.-Siége,
» comment peut-on la soutenir encore, et rester
» catholique ? c'est une contradiction.

» Pour moi, j'adhère d'esprit et de cœur à
» la rétractation qu'ont faite de cette déclara-
» tion les évêques et Louis XIV lui-même en
» 1692. Je reste uni de sentiment et de com-
» munion avec l'église de France pendant qua-
» torze siècles avant cette assemblée de courtisans,
» avec nos plus grands évêques depuis cette as-
» semblée, entr'autres avec MM. de Fenelon,
» de Bissy, de Belzunce, de Mailly, &c.

» C'est un scandale qu'a donné l'orateur de
» l'assemblée en 1782, en renouvellant en chaire
» dans l'exorde de son discours pour l'ouver-
» ture de cette assemblée, la profession des
» quatre articles. J'étois présent. Le désaveu de
» 1692 étoit donc illusoire ? Et on méprisoit pu-
» bliquement la condamnation faite par Inno-
» cent XI, et sur-tout par Alexandre VIII dans
» sa Bulle *Inter multiplices*.

» Remarquez ceci.... En 1682 l'assemblée du
» Clergé publia les quatre articles, et en 1692
» ces articles furent désavoués par Louis XIV
» et les Evêques d'alors. En 1782 ces articles
» furent renouvellés en Chaire en présence de
» l'assemblée du Clergé, et en 1792 la royauté
» abolie en France, ainsi que la religion catho-
» lique au mois de septembre : c'étoit aussi au
» mois de septembre que Louis XIV avoit en-
» voyé son désaveu au Pape... Le péché de 1682
» avoit été pardonné lors de la pénitence et du
» désaveu des coupables en 1692, mais le péché
» de rechûte de 1782 a été puni de la manière
» la plus terrible en 1791. Plus de pardon.

» Le style de notre auteur est bien vif, mais
» le Gallicanisme a donné de furieux sujets de

» plaintes par sa conduite envers le St.-Siége et
» l'Eglise Romaine.

» Je trouve que Bossuet est mis à sa place :
» c'est une Idole trop aveuglément révérée. Quand
» Bossuet écrit son histoire des variations, je lui
» applaudis; quand il donne son discours sur
» l'histoire universelle, je l'admire; quand il
» prononce ses oraisons funèbres, je suis dans
» l'enchantement; mais quand Bossuet dresse les
» articles de 1682, je dis que c'est un Courtisan
» qui est en contradiction avec lui-même dans
» son discours de l'ouverture de l'assemblée. Je
» dis qu'il a détruit tout le bien que pouvoient
» faire ses autres ouvrages, et qu'il énerve l'au-
» torité de l'église. Quand Bossuet poursuit avec
» acharnement M. de Fénelon, quand il va se
» jetter aux pieds de Louis XIV pour lui de-
» mander pardon de ne lui avoir pas révélé la
» nouvelle hérésie qui germe dans son Palais,
» je lui dis : ah, M. de Meaux, vous faites l'en-
» fant! Comme vous, j'adhère au jugement Apos-
» tolique qui condamne l'ouvrage de M. de Cam-
» bray, mais vos quatre articles de 1682 feront
» plus de mal à l'église, que dix mille exem-
» plaires des *Maximes des Saints*.... Voilà ce qui
» sera toujours à la charge de Bossuet, et ce
» qu'on pourra avec raison lui reprocher éternel-
» lement. Mais les français donnent avec impé-
» tuosité dans la louange comme dans le blâme ;
» ils ne peuvent pas garder de milieu. Je suis
» parfaitement de l'avis de l'auteur; quand il
» dit, que c'est attaquer et rabaisser l'église uni-
» verselle, que d'attaquer et de rabaisser l'Eglise
» Romaine; que l'Eglise universelle n'est pas
» infaillible, si l'Eglise Romaine ne l'est pas,
» et que même l'Eglise universelle ne l'est, que
» parce que l'Eglise Romaine l'est; qu'une Eglise
» particulière qui cherche à diminuer le respect

» dû à l'Eglise Romaine, tombe elle-même dans
» le mépris; que l'Eglise de France, bien loin
» d'avoir travaillé pour elle dans ses articles de
» 1682, s'est dégradée, s'est mise dans les fers,
» dans l'esclavage de la puissance et des tribu-
» naux laïcs. Il dit vrai, et très-vrai.

» Je ne puis vous taire enfin, que je suis en-
» core de son avis, quand il dit, que le premier
» article de la déclaration est plus contraire que
» favorable à l'autorité des princes, et même
» il me semble qu'il le démontre; car, à vous
» parler franchement, cet article est une hypo-
» crisie, une adulation, une trahison. Ce pas-
» sage : *mon règne n'est pas de ce monde*, n'est
» pas entendu par ceux qui l'emploient. L'au-
» teur le prouve : il y a tems et tems. *Mainte-*
» *nant mon règne n'est pas d'ici*, mais plus tard
» un tems est venu *où le règne de ce monde est*
» *devenu celui de notre Seigneur et de son Christ.*
» Les Royaumes de ce monde sont entrés dans
» celui de Jesus-Christ, et se sont soumis à lui,
» lorsqu'au tems de Charlemagne spécialement
» Jesus-Christ a été universellement et publique-
» ment reconnu pour le dominateur des nations,
» le grand Roi sur toute la terre, le Roi des
» Rois, le Seigneur des Seigneurs. Aujourd'hui
» les Royaumes ou les Puissances du monde ne
» veulent plus être du royaume de Jesus-Christ
» et les catastrophes dont nous sommes victimes
» autant que témoins, sont la conséquence, la
» suite d'une si impie détermination.

» Relisez, Monsieur, cet ouvrage attentive-
» ment et sans préjugés, et vous ne le trouverez
» pas si mal raisonné. Il traite mal les parti-
» sans de la déclaration; mais ceux-ci avoient
» traité aussi mal le St.-Siége et ses défenseurs.
» Quand on ne sait pas garder de mesure à l'é-
» gard de l'Eglise Romaine, on ne mérite soi-

» même aucun égard. Nous n'avons que ce que
» nous méritons; et malgré cela, notre vanité
» nous suit par-tout jusques dans notre humi-
» liation.

» Je suis etc. »

L'INFAILLIBILITÉ du St.-Siége Apostolique, toujours enseignée dans l'Eglise, comme le Dogme fondamental de la Foi, mais sans pouvoir jamais être l'objet d'une définition formelle, comme tous les autres Dogmes particuliers qui lui sont subordonnés.

QUAND on presse les Gallicans sur l'article de l'infaillibilité du St.-Siége, et qu'ils se voyent hors d'état de répondre aux preuves convaincantes qu'on leur en donne, on sait que leur dernier retranchement, celui où ils se regardent comme invincibles et inexpugnables, c'est de nous dire qu'après tout, cette infaillibilité n'a point été formellemet définie comme un Dogme de Foi; c'est de demander qu'on leur présente une définition en règle, et qu'alors ils se rendront. Mais il faut une bonne fois les forcer jusques dans ce dernier retranchement, et leur ôter ce prétexte absurde et inexcusable, en leur faisant voir qu'il n'y a que l'ignorance, ou la mauvaise foi, qui puissent demander ou attendre pour se soumettre, une décision formelle sur un point qui n'en est pas, et qui ne peut jamais en être susceptible, car il n'en est pas de l'autorité infaillible du St.-Siége, comme de tous les autres

Dogmes particuliers qui en dépendent et qui lui sont subordonnés.

Sans doute cette autorité, établie par Jesus-Christ lui-même dans le centre de son église pour le maintien de la Foi et de l'Unité, est évidemment confirmée par l'Ecriture, par l'enseignement de tous les siècles, et appuyés sur une possession constante et un exercice non interrompu depuis le tems des Apôtres ; mais il est facile de se convaincre, qu'elle ne peut pas être l'objet d'une définition expresse et formelle comme tous les autres points de la religion, car étant la pierre fondamentale qui soutient l'édifice de la Foi, et la force centrale et immuable d'où dépend la conservation du dépôt de la Foi, il faut qu'elle existe préalablement, et qu'elle prouve par l'enseignement public et l'usage perpétuel de l'église, son existence et sa nécessité pour définir les points contestés qui appartiennent à la Foi. Or si telle est sa manière essentielle d'exister et de procéder, il est donc impossible qu'elle se définisse elle-même d'une manière formelle, et en lançant l'anathême contre l'erreur contradictoire, car il implique visiblement contradiction, que la même autorité infaillible, qui est établie pour prononcer définitivement sur les questions de la Foi, et dont l'infaillibilité pour avoir droit d'assujettir les esprits, doit être certaine et incontestable avant toute définition, il implique, dis-je, si visiblement contradiction, que cette même autorité infaillible devienne jamais une question à définir, ni l'objet d'une définition formelle de la part de celui qui en est revêtu.

Et en effet que signifieroit une telle définition dans la bouche du Souverain Pontife, qui en est le dépositaire suprême, et en quels termes pourroit-elle être conçue et présentée ? C'est comme s'il disoit : » En vertu de l'autorité infaillible

» qui nous a été confiée par Jesus-Christ dans
» la personne de St. Pierre, nous définissons
» que cette autorité est en effet infaillible, et
» nous ordonnons de la croire telle, comme
» article de Foi, et sous peine d'anathême. »
Mais qui ne voit qu'une telle définition seroit
une vraie *pétition* de principe, qui ne serviroit
qu'à compromettre, qu'à rendre suspecte, et
même ridicule, l'infaillibilité du St.-Siége, bien
loin de l'affermir et de lui assurer le respect, la
confiance et la soumission qui lui sont dûs ?
Car les mêmes raisons que l'on oppose à l'infaillibilité de son autorité, on ne manqueroit pas
de les faire valoir contre l'infaillibilité d'une pareille décision. Il est donc impossible encore une
fois, qu'on voye jamais émaner du St.-Siége une
aussi étrange définition, parce qu'elle repugne à
l'existence et à la nature d'une autorité qui ne
peut être susceptible d'aucune définition. Le Souverain Pontife, *qui a reçu de Jesus-Christ avec
les clefs du Ciel l'Infaillibilité de la Foi* (ce sont
les propres paroles de l'assemblée générale du
Clergé de France en 1626), le Souverain Pontife, chargé de maintenir et d'exercer cette divine prérogative pour le bien de l'unité, peut
bien reprouver la doctrine qui la contredit,
comme une doctrine qui n'est pas celle de l'é-
glise catholique, ni du St.-Siége ; mais il ne la
condamnera pas comme hérétique par une définition formelle et de la manière qu'on a vu plus
haut ; attendu qu'une telle définition, avant d'a-
voir lieu, présuppose déjà comme certaine et indubitable cette infaillibilité, qu'il s'agiroit de
maintenir en la définissant. Or, si elle existe
essentiellement avant de pouvoir être définie, et
sans avoir besoin d'être définie contradictoirement, comme les autres points de la religion, il
s'ensuit évidemment que la définition en est tout-
à-la-fois impossible et pleinement inutile.

Ainsi c'est ignorance ou mauvaise foi, de ne mettre aucune différence entre le dogme fondamental de l'infaillibilité du St.-Siége et les autres dogmes particuliers qui lui sont subordonnés, et d'attendre une définition expresse sur cette infaillibilité, pour cesser alors de la contredire et de la nier. Vous ne serez pas formellement hérétique en la niant et en la combattant, comme vous le seriez en niant et combattant un point formellement décidé en vertu de cette infaillibilité, on veut bien vous l'accorder; mais lorsque le Souverain Pontife a porté un décret dogmatique et qu'il a défini un point quelconque comme de foi, ou condamné comme hérétique une nouveauté quelconque, on vous défie d'agir en conséquence de vos principes, c'est-à-dire, de lui refuser votre soumission, et une soumission prompte et sincère, d'esprit et de cœur, sans cesser sur-le-champ d'être catholique, sans devenir formellement hérétique et schismatique. A quoi sert donc de vous obstiner à soutenir dans la spéculation une doctrine que vous auriez horreur de suivre dans la pratique, sinon à fournir des armes aux novateurs, non-seulement pour combattre et pour rejetter les décisions du St.-Siége, mais pour attaquer et pour contester même l'autorité infaillible de l'église universelle? Oui, pour attaquer et pour contester même l'autorité infaillible de l'église universelle; car un luthérien, en suivant votre logique, ne peut-il pas raisonner de la sorte et dire :

« Le dogme fondamental des chefs de notre
» réforme et de tous les réformés, consiste à
» nier l'infaillibilité de l'église et à refuser de
» reconnoître en elle le Juge irréfragable des
» controverses en matière de foi. Cependant le
» Concile de Trente, qui, ayant été confirmé
» par le St.-Siége, est maintenant regardé comme

» infaillible par tous les catholiques, sans aucun
» partage de sentimens, le Concile de Trente,
» assemblé pour condamner les propositions sou-
» tenues par Luther et par nos Docteurs, n'a
» dit nulle part : *Si quelqu'un dit que l'église*
» *n'est pas infaillible dans ses décisions, qu'il*
» *soit anathême*. Nous sommes donc en droit de
» nier cette infaillibilité, qui n'est pas un article
» de foi, puisqu'elle n'est pas formellement dé-
» finie, et nous pouvons la combattre et la re-
» jetter, sans qu'on soit fondé de nous accuser
» en cela d'erreur ni d'hérésie. Eh bien ! nous
» n'en demandons pas davantage ; c'en est assez
» pour disculper d'hérésie notre réforme, au moins
» dans son principe fondamental. » Pitoyable
raisonnement sans doute, mais pas plus pitoyable que celui des Gallicans contre l'infaillibilité
du St.-Siége.

Le Janséniste aussi pourra dire : « Notre
» grand principe, celui qui sert de base à notre
» conduite, c'est que l'église n'est pas infaillible
» dans les faits dogmatiques. Or, le St.-Siége en
» nous condamnant, s'est bien conduit d'une
» manière qui prouve qu'à ses yeux les faits
» dogmatiques ne sont pas moins que le dogme
» même l'objet de l'infaillibilité. Tous les évêques
» de la catholicité se sont conduits, et ont agi
» d'après les mêmes principes ; cependant le Pape
» n'a pas dit, ni les évêques après lui : *Si quel-*
» *qu'un dit que l'église n'est pas infaillible dans*
» *les faits dogmatiques, qu'il soit anathême*. Donc
» nous pouvons, sans être pour cela hérétiques,
» soutenir qu'elle n'est pas infaillible en ce point
» et continuer à nous retrancher en conséquence
» sur la distinction du fait d'avec le droit, et
» à nous défendre contre les décrets et les cons-
» titutions qu'on nous oppose. »

Mais ces objections des Luthériens et des Jansénistes contre l'infaillibilité appartenant collectivement au chef de l'église et aux évêques, unis et subordonnés à ce chef, seroient plus fortes encore contre l'infaillibilité que les Gallicans donnent à l'église et aux évêques, indépendamment de leur chef suprême; car on peut très-bien vous objecter, MM. les Docteurs, que cette autorité infaillible, que vous attribuez à l'église universelle exclusivement sans la faire émaner du Siége qui en est la source et le fondement immuable, n'est pas, à beaucoup près, appuyée sur des preuves aussi éclatantes que celle du St.-Siége, et qu'elle peut encore moins être l'objet d'une définition particulière de la part d'un Concile général, que celle du St.-Siége ne peut l'être d'une définition formelle de la part du Souverain Pontife; et en effet, un Concile même général qui oseroit définir exclusivement en sa faveur la question de l'infaillibilité, et en dépouiller son Chef Suprême, par qui seul elle lui est communiquée, non-seulement éprouveroit de la part de ce chef la plus puissante et la plus invincible opposition; mais il cesseroit même d'être légitime, et ne seroit plus qu'une assemblée acéphale et schismatique, comme il est arrivé au Concile de Bâle, pour avoir voulu décider équivalemment la même question, en s'arrogeant dans les matières de la foi et des mœurs une suprématie audacieuse et schismatique sur le chef légitime et incontestable de l'église.

On sait bien que vous adoptez, et que vous prétendez justifier les maximes séditieuses et schismatiques de ces Conciliabules et de tout autre qui voudroit renouveller les mêmes scandales en consacrant vos opinions erronées; mais de quelque manière que vous le fassiez, les novateurs tant anciens que modernes, n'en seront pas moins fondés à conclure, d'après vos principes et votre
exemple

exemple, que, puisqu'il vous est libre à vous décontester, de nier même l'infaillibilité du St.-Siége!, *par la raison qu'elle n'a pas été formellement définie comme dogme de foi*, on ne peut leur imputer comme une hérésie, ni leur faire un crime de se défendre contre l'infaillibilité de l'église qu'on leur oppose, attendu que cette infaillibilité n'est pas plus expressément définie que celle du St.-Siége. Aussi voyons-nous, qu'à la faveur des principes gallicans, l'autorité infaillible, non pas seulement du St.-Siége, mais de l'église même universelle, est devenue depuis longtems un paradoxe, et n'est plus aujourd'hui qu'un dogme illusoire chez les Jansénistes et les Fébroniens, par les restrictions, les modifications et les conditions arbitraires qu'ils y ont mises pour l'obscurcir et l'anéantir dans la pratique. Vous obstinerez-vous encore à dire après cela, que l'infaillibilité du Souverain Pontife, enseignant ou définissant comme Vicaire de Jesus-Christ, comme successeur de St.-Pierre, en un mot, comme chef de toute l'église, est une de ces opinions d'école, qu'il est libre ou indifférent d'admettre ou de rejetter ? Comme s'il pouvoit jamais être permis, sous prétexte qu'on n'est point en cela même formellement hérétique, de favoriser en quoi que ce soit le parti de l'erreur et de la rebellion, de travailler pour les hérétiques, et de se déclarer ainsi, non pas seulement contre le St.-Siége, mais contre l'église et contre les intérêts de Jesus-Christ même!

Car, il est si vrai que le Système de la faillibilité du St.-Siége est une source funeste d'anarchie et de division dans l'église, et qu'il ne peut servir qu'à la cause de l'hérésie dont il est le premier élément, que les hérétiques eux-mêmes, qui ne deviennent tels dans le principe qu'à la faveur de ce Système, sont les premiers à l'abjurer, comme la cause de leur égarement, lorsqu'ils reviennent sincèrement à l'unité, et à rendre hommage à l'infaillibilité du Souverain Pontife, qu'ils regardent alors comme le fondement essentiel et la cause efficiente de cette unité; et quoiqu'elle ne soit pas formellement définie, comme beaucoup d'autres articles de foi (On a vu plus haut qu'elle ne pouvoit point l'être en cette manière), ils ne la font pas moins entrer comme dogme fondamental dans la profession solemnelle qu'ils font des articles définis, par la condamnation détaillée de leurs erreurs hérétiques.

Nous en avons un exemple remarquable dans la belle et édifiante profession de foi, présentée à Rome, au commencement de ce siècle, à S. Em. le cardinal N., qui avoit été vicaire apostolique en Saxe, par M. le baron de Pollnitz, gentilhomme de la chambre de Frédéric I.er, roi de Prusse; laquelle contient XL articles et 62 pag., et se trouve à la fin du tome 2. des mémoires de ce seigneur, imprimé à Francfort, nouvelle édition, 1738. Voici comme parle ce protestant converti art. XL : « Je passe à l'autorité du
» chef visible de l'église. Par ce chef, j'entends,
» comme je l'ai déjà dit, le Pape qui est le successeur légitime de St.-Pierre, et comme tel,
» je crois qu'il est *infaillible*, non-seulement
» dans le gouvernement de l'église, mais aussi
» pour tout ce qui regarde la foi. Je me rapporte uniquement à ce que dit Jesus-Christ à
» ce sujet, lorsqu'il donna les clefs à St.-Pierre :
» *tu es Petrus et super hanc Petram ædificabo ecclesiam meam*. Matth. 16, 18. Dans cette occasion, Jesus-Christ établit St.-Pierre chef et
» prince de l'église. Les paroles suivantes de
» Jesus-Christ confirment entièrement cette vérité :
» *Et portæ inferi non prævalebunt adversus eam*.
» Et les portes de l'enfer ne prévaudront pas
» contre elle, c'est-à-dire, contre l'église, ni par

» conséquent contre son chef. Il est donc vrai
» que Dieu a accordé une autorité absolue à St.-
» Pierre et à ses successeurs. Cette autorité est
» semblable à celle que Dieu dans l'ancienne loi
» avoit accordée à Aaron et à sa famille.
» C'est en considération de cette suprême di-
» gnité, que je crois que je ne puis pas avoir
» assez de respect et de soumission pour le Pape...
» Je suis encore persuadé qu'il n'y a que le Pape
» qui soit en droit d'assembler un Concile, et
» je crois que toute assemblée qui se fait sous
» le nom de Concile, sans la participation du
» Pape, ne peut être regardée comme un Con-
» cile Œcuménique; un corps ne peut pas agir
» sans son chef : c'est la tête qui dirige toujours
» le corps. Ainsi l'église ne peut pas s'assembler,
» agir, ni décider sans le Pape qui est son chef,
» et qui *seul* par conséquent est en droit de dé-
» cider, puisqu'il est la pierre sur laquelle Jesus-
» Christ a fondé son église, et puisque, sans
» lui, il n'y auroit point d'église. Je reçois donc
» avec soumission toutes les décisions d'un Con-
» cile où le Pape a présidé en personne ou par
» ses Légats; et je regarde comme une simple
» assemblée du Clergé, les assemblées de prêtres
» qui se font, ou qui se sont faites par le com-
» mandement de toute autre puissance que du
» Pape.
» Voilà, Monseigneur, la déclaration sincère
» de ma foi, telle qu'elle est gravée dans mon
» cœur. Je la crois sainte, je la crois canonique,
» et j'espère que votre grandeur la voyant écrite,
» lui donnera la même approbation, dont elle
» voulut bien l'honorer lorsque j'eus l'avantage
» de la lui exposer de bouche. &c. »

Les Gallicans objecteront ici, on le prévoit, que l'église n'exige point la profession *explicite* de l'infaillibilité du St.-Siége de la part de tous les protestans qui reviennent à l'unité, et par conséquent que celle rapportée ci-dessus n'est qu'un fait singulier et arbitraire, dont on ne peut retirer aucun avantage en faveur de l'infaillibilité du Pape.

On leur répondra, que si la profession explicite de l'infaillibilité du chef de l'église n'est pas indispensablement requise pour être reconciliée à l'Eglise Romaine, la croyance au moins de cette infaillibilité est tellement essentielle, tellement renfermée *implicitement* dans la profession catholique prescrite par Pie IV, d'après le vœu du Concile de Trente, que l'Eglise Romaine ne recevroit pas dans sa communion un hérétique résipiscent, qui, en faisant la profession de foi susdite, exprimeroit une exception formelle au préjudice de cette vérité essentielle et fondamentale. La preuve, c'est qu'elle a attaché plus d'une fois la grâce de sa communion à la croyance *explicite* de ce dogme important. « Croyez-vous (c'est une des questions que faisoit en 1351 le Pape Clément VI à un patriarche d'Arménie, qui demandoit à rentrer dans le sein de l'Eglise Romaine; et il est à remarquer que ce Pape étoit français de nation, et même docteur de Sorbonne); « croyez-vous que le Pape... et le Pape lui » *seul*, a le pouvoir de décider les controverses » en matière de foi. » (Hist. Ecclés. tom. 24, livre 96, sect. 3, pag. 90).

En ce cas, diront les Gallicans, les Conciles généraux ne sont donc jamais nécessaires; car si l'infaillibilité du St.-Siége est un vrai dogme de foi, les décrets apostoliques doivent suffire pour définir les points contestés de la doctrine, et la tenue des Conciles généraux devient parfaitement inutile. Cependant nous voyons que l'église a dû recourir à cette ressource pour condamner les hérésies et pour maintenir l'intégrité de la foi ; preuve donc que l'infaillibilité du St.-Siége n'est rien moins à ses yeux qu'un véritable dogme de foi.

Deux mots suffisent pour réfuter ceux qui font cette objection ; car, certainement ils ne peuvent pas douter que Jesus-Christ n'ait accordé à St.-Pierre une infaillibilité personnelle pour décider les questions de la foi, cette concession étant trop expressément marquée dans l'Evangile. Cependant cette infaillibilité de St.-Pierre, toute incontestable qu'elle étoit de son vivant, n'a pas empêché la tenue d'un Concile à Jerusalem, pour prononcer sur la question des observances légales. Il est donc faux que l'infaillibilité du St.-Siége, qui n'est pas distinguée de celle de St.-Pierre, toujours vivant dans ses successeurs, soit dans le cas de rendre inutiles les Conciles généraux.

Il y a plus ; c'est que bien loin de les rendre inutiles, c'est elle au contraire qui de tout tems leur a donné et l'existence et la légitimité, et même l'infaillibilité.

« Dans le premier Concile au sujet des céré-
» monies légales, » dit un auteur moderne, quoique très-gallican d'ailleurs, « Pierre préside,
» donne le premier son avis, et la décision sur
» l'objet essentiel, et dont il étoit principale-
» ment question, porte sur les motifs et le ju-
» gement qu'il avoit porté le premier. On fait
» trop souvent observer que ce fut l'avis de St.-
» Jacques qui forma la décision ; mais on ne
» fait pas attention que la question dogmatique
» proposée par St.-Paul et St.-Barnabé, au nom
» des Gentils convertis, étoit de savoir, s'il fal-
» loit les assujettir aux cérémonies légales ; et
» à cet égard le jugement de St.-Pierre fut précis,
» décisif & sans réserve, quoiqu'il fut juif lui-
» même. St.-Jacques, évêque de Jerusalem, et

Q 3

» qui n'avoit à conduire que des juifs convertis
» en adhérant au discours de St.-Pierre, pour
» ménager leur faiblesse, y ajouta une défense
» expresse de l'Idolatrie et de la fornication,
» par forme de précaution, quoique ce ne fut
» point l'objet de la contestation. Il crut devoir
» mettre encore une restriction à l'avis de St.-
» Pierre, en défendant de manger du sang et
» de la chair des bêtes suffoquées, ce qui étoit
» très-étranger au dogme, et ne pouvoit faire
» qu'une défense provisionnelle et de discipline.
» *Ainsi dans la vérité, ce qui tenoit au dogme dans*
» *la controverse portée au Concile, fut réglé con-*
» *formément à l'avis de St.-Pierre, qui s'étoit fixé*
» *à cette partie, comme il convenoit à sa place*
» *et à la révélation qui lui avoit été faite et sur*
» *laquelle porta la décision.* Il se rendit néanmoins
» au sage ménagement de St.-Jacques, dont la
» première proposition étoit mieux placée dans
» la bouche de l'évêque de Jerusalem, que dans
» la sienne. » (Conférences ecclés. d'Angers,
sur la Hiérarchie, tom. 1ᵉʳ, conf. 2, quest.
art. 1., pag. 325. Paris, 1785).

Or, ce que St.-Pierre fit dans ce premier Concile, il l'a toujours fait dans les autres par ses successeurs dans le Siége Apostolique. J'ai pour garant de cette assertion, le témoignage et l'autorité de l'immortel Pie VI, dans son Bref à l'évêque de Chiusi et Piensa, en Toscane, en date du 20 octobre 1786; « car, (comme dit
» ce grand Pontife) les décrets (du Siége Apos-
» tolique) comme prononcés par la bouche de
» Pierre, ont servi de règle à ce qui s'est fait
» par la suite dans les Conciles. C'est pourquoi
» personne n'ignore que le Synode d'Éphèse a
» prononcé la sentence de déposition contre Nes-
» torius, dont les erreurs avoient été préalable-
» ment condamnées par le Pontife Romain St.-

» Célestin, et que les pères de Calcédoine ont
» déclaré, à haute voix, contre Dioscore, que
» Pierre avoit parlé par Léon, et il n'est pas
» moins constant que St.-Victor, marchant sur
» les traces de ses prédécesseurs, avoit éclairé d'a-
» vance de sa lumière le Concile de Nicée I,
» dans sa controverse touchant la célébration du
» Jour de Pâques. Nous croyons superflu de citer,
» à l'appui de cette vérité, un plus grand nom-
» bre d'exemples, et il nous suffit d'observer,
» que lorsque les décrets du Siége apostolique
» ont été présentés dans les Synodes, cela ne s'est
» jamais fait pour qu'ils fussent soumis à aucune
» discussion, comme *étant incertains*, mais pour
» qu'ils fussent promulgués comme *certains* et
» *immuables* par une définition abrégée des
» collègues dans le Sacerdoce et dans le minis-
» tère. Il n'est personne qui ne voie que de là
» il résulte pour le Pontife Romain la plus grande
» autorité dans les choses de la foi, et c'est ce
» qui a été reçu constamment dans l'Eglise ca-
» tholique. »

Ainsi il est évident, d'après cela, que les Conciles généraux, en adhérant aux décrets du St.-
Siége apostolique, ne leur donnent aucune force
intrinsèque qui les rends obligatoires; mais qu'ils
ne font simplement qu'en manifester, avec plus
d'éclat, l'autorité et l'infaillibilité, pour arrêter
les progrès de l'erreur et confondre, d'une manière péremptoire et sans réplique, les ennemis
opiniâtres de la foi et de l'unité. Vérité que le
grand St.-Séon, Pape, explique si bien, quand
il dit : « Ce que le seigneur avoit d'abord dé-
» fini par notre ministère, il l'a affermi par l'as-
» sentiment irrétractable de tous nos frères, afin
» de faire voir qu'il étoit vraiment l'auteur du
» jugement formé au préalable par le premier
» Siége, et reçu par tout l'univers chrétien. »

(St.-Léon le Grand à Théodoret, au sujet de sa lettre à Flavien).

Seroit-il possible qu'après tous les éclaircissemens qu'on vient de donner, certains Gallicans ne reconnussent pas l'absurdité des vaines critiques qu'ils se sont permises contre la profession *explicite* de la doctrine de l'Eglise Romaine à ce sujet, qui se trouve dans le premier paragraphe de la brochure intitulée : *Le Systéme gallican*, &c. Au reste, qu'ils sachent qu'il n'y a que les novateurs, que les esprits turbulens et contentieux qui demandent avec orgueil, et qui attendent avec hypocrisie des définitions, des foudres, des anathêmes, pour cesser de contrarier la doctrine catholique, et de résister à l'enseignement de l'Eglise Romaine. Encore finissent-ils, pour l'ordinaire, comme l'on sait, par se révolter ouvertement contre les définitions dogmatiques, et par braver avec audace tous les anathêmes. Qu'ils apprennent encore que l'Eglise Romaine n'est pas moins infaillible dans son enseignement que dans ses définitions, et que non-seulement tout ce qu'elle a défini, mais encore tout ce qu'elle enseigne sans l'avoir expressément défini, soit comme doctrine révélée, soit comme conséquence et comme développement de la doctrine révélée, doit toujours être l'objet de la croyance ; et quand les circonstances l'exigent, celui de la profession publique et explicite de tous les vrais enfans de cette église, mère et maîtresse de toutes les églises.

Les deux Brefs suivans prouvent avec quel zèle les Souverains Pontifes ont toujours défendu l'autorité Suprême et infaillible du St.-Siége Apostolique ; voici le fait :

L'assemblée du Clergé de 1705, en procédant à l'acceptation de la Bulle *Vineam Domini Sabaoth*, s'étoit étrangement écartée des anciens principes, pour se conformer aux nouveautés de la Déclaration de 1682, car elle avoit établi cette maxime jusqu'à lors inouie dans l'église gallicane, savoir, que les constitutions dogmatiques des Souverains Pontifes n'avoient la force d'obliger que lorsque le corps des Pasteurs les avoit acceptés *par voie de jugement*; mais Clément XI, qui avoit donné cette Bulle, ne tarda pas à réclamer hautement contre une atteinte aussi essentielle portée par cette clause aristocratique et républicaine à l'autorité Suprême du St.-Siége apostolique, ce qu'il fit par les deux Brefs suivans, adressés l'un aux évêques de cette assemblée, en date du 15 janvier 1706; et l'autre à Louis XIV, en date du 31 août même année; et qui eurent tout le succès qu'on pouvoit attendre de la soumission filiale du corps des évêques de France à l'égard de leur chef; car ils ne manquèrent pas de lui donner la satisfaction qu'il demandoit, comme on le voit par leur réponse qui se trouve déjà citée pag. 21 de la brochure, et que l'on rapportera encore ci-après:

BREF de Clément XI, adressé aux Evêques de l'Assemblée de 1705, en date du 15 janvier 1706. On peut le regarder comme l'abrégé d'un Traité dogmatique en faveur de l'autorité suprême et infaillible du Souverain Pontife, considéré comme Souverain Pontife.

Vénérables frères! Salut et bénédiction Apostolique. Les félicitations avec lesquelles vous avez reçu la dernière constitution que nous avons portée pour comprimer l'obstination des hommes inquiets, et dont vous nous faites part par la lettre que vous nous avez adressée, nous ont causé d'autant plus de satisfaction, qu'elles nous ont donné un nouveau motif de nous affermir dans la confiance que nous avons conçue, que notre travail n'a pas été inutile, et que les restes du Jansénisme étant anéantis totalement par le jugement suprême du Siége Apostolique, vous employeriez vos soins selon le devoir de votre charge pastorale, à l'effet de réunir enfin tous les esprits et de les rendre parfaits dans la même pensée et dans le même sentiment. Mais si vous nous avez fourni une matière si abondante de joie, elle a été singulièrement troublée cette joie, par la connoissance, qui est parvenue à notre Apostolat, de plusieurs lettres ou autres écrits répandus dans le public, par lesquels il semble qu'on n'a rien de plus à cœur, qu'on n'a point de but plus marqué, que d'attaquer de plusieurs manières la souveraine autorité du Saint Siége, comme s'il ne se présentoit pas aujourd'hui de sujet plus digne du zèle épiscopal, que d'atténuer la puissance de la chaire du B. Pierre, d'où l'épiscopat lui-même, et toute l'autorité qui lui est attribuée, ont pris commencement; et ce qu'il y a de plus surprenant et de plus digne de nos larmes, c'est de voir qu'on se permet ces procédés attentatoires dans ce tems-là même, où, pour achever d'extirper la racine des erreurs que vous sentiez que vos églises étoient infectées, nous vous prêtions avec le plus vif empressement, par l'effet de la tendresse paternelle que nous vous portons, ainsi qu'à vos églises, le bras et le secours de ce premier Siége, que vous avez imploré vous-mêmes, après avoir fait l'épreuve de l'insuffisance de votre pouvoir, et qui avoient été réclamés avec plus d'instances encore par votre roi très-chrétien, si zélé pour la religion. Nous avons reconnu clairement en cela les menées ordinaires de certains hommes profondément pervers ; qui n'osant faire paroître au-dehors, dans la crainte d'être punis, le poison du Jansénisme qu'ils conservent dans le cœur, s'efforcent de faire comme une guerre cachée au Siége de Rome, par lequel ils se sentent surtout comprimés, et de répandre par des questions déplacées, des semences de divisions pour la ruine de l'unité catholique.

Pour vous, V. F., qui êtes obligés par devoir de reprendre et de corriger les esprits inquiets, il est bien douloureux que vous vous soyiez au contraire laissés surprendre par leurs suggestions, et que, faute d'attention, vous ayiez donné la main à des perturbateurs de l'église. Car qui vous a établis juges sur nous? Les inférieurs ont-ils droit de prononcer sur l'autorité de leur supérieur et d'examiner ses jugemens? (1) Qu'il nous soit permis de le dire, V. F., c'est une chose tout à fait intolérable, qu'un petit nombre d'évêques, et évêques de ces églises surtout dont les priviléges et les droits honorifiques n'ont point d'autre fondement que la faveur et la bienveillance du Pontife Romain, élevent la tête contre l'auteur de leurs titres et de leurs dignités, et s'attachent à atténuer les droits du premier Siége, appuyés non sur l'autorité des hommes, mais sur l'autorité de Dieu. Interrogez vos ancêtres, et ils vous diront qu'il n'appartient pas à eux, prélats particuliers, de discuter les décrets du

_____

(1) Voilà en effet en quoi consiste l'essence de la doctrine de l'église gallicane, en élevant le corps des évêques au-dessus de leur chef, c'est-à-dire, des inférieurs au-dessus de leur supérieur, elle attaque l'église par son fondement et consacre l'insubordination dans l'ordre de la religion; mais elle autorise par-là même les prêtres à s'élever en corps au-dessus de leur évêque, et les sujets au-dessus de leur prince; et l'on soutiendra qu'une telle doctrine n'est pas essentiellement anarchique et révolutionnaire!....

Siége apostolique, mais de les observer; et puis vous alléguez les paroles des évêques de France au grand S. Léon, en le félicitant sur la concorde de la foi; vous pouviez aussi apprendre d'eux-mêmes, en quoi consiste, dans la réception des définitions du Siége apostolique, la vraie part des prélats vos semblables, et que vous ne devez pas avoir honte d'imiter. *Les écrits de votre apostolat*, disent-ils, *ont été gravés tout comme le symbole de la foi sur les tables du cœur, par quiconque ne néglige pas les sacremens de notre rédemption, et il les a imprimés bien avant dans sa mémoire, pour être mieux préparé à confondre les erreurs des hérétiques.*

Les très-excellens évêques de France étoient donc bien éloignés autrefois de s'arroger le droit de discuter les constitutions du Siége apostolique qu'ils recevoient comme le symbole de la foi lui-même, et ils ne croyoient pas devoir employer beaucoup de tems ou d'application pour délibérer sur leur exécution; mais ils jugeoient que c'étoit assez pour eux d'en graver la teneur dans leur mémoire pour confondre les hérétiques; et ils enseignoient en outre, (ce que vous devez remarquer avec bien de l'attention), que ce n'étoit pas d'après leur foi qu'on devoit juger les définitions du Pontife Romain, mais ils reconnoissoient que leur foi étoit affermie et ratifiée par cela même qu'elle s'accordoit avec la définition du Pontife Romain. Ecoutez-les parler ensuite ainsi à S. Léon : *chaque fidèle est redevable à votre doctrine, après Dieu, de ce qu'il persévère dans la foi qu'il avoit déjà auparavant; l'infidèle lui est redevable aussi de ce qu'il renonce à sa perfidie, après avoir reconnu la vérité, et de ce que par l'effet de la lumière apostolique dont il est éclairée, il abandonne les ténèbres de son erreur.*

Voilà la foi des pères; voilà la tradition de nos ancêtres;

ancêtres; voilà la régle constante des anciennes églises de France comme de toutes les autres églises du monde chrétien, qui ne peut recevoir aucune atteinte, fut-elle attaquée par les inventions systématiques des génies les plus féconds en subtilités. Vous-mêmes, V. F., ni la connoissance distinguée que vous avez des saintes écritures, ni votre grand zèle et votre application continuelle dans la recherche des anciens monumens de l'église, ne peuvent vous laisser ignorer ce qui est connu de toute l'église, savoir, *que le Siége du B. Pierre apôtre a le droit de juger de toute l'église, et qu'il n'est permis à qui que ce soit de connoître de son jugement.* Certes, si vous aviez voulu seulement faire attention à la forme elle-même de notre constitution apostolique, forme dont nous n'avons pas été les inventeurs, et qui n'est pas récente, mais qui a été employée depuis une longue suite de siécles par nos prédécesseurs, par laquelle nous commandons, confions et ordonnons, par autorité apostolique, à tous les archevêques et évêques l'exécution et l'observation entière de cette même constitution ; rien que cela vous auroit assez fait comprendre que dans cette cause nous ne demandons pas votre conseil, que nous ne réclamons pas vos suffrages, que nous n'attendons pas votre avis, mais que nous vous enjoignons l'obéissance, et cette obéissance que vous avez promise par un serment solemnel au B. Pierre, prince des apôtres, à la sainte église romaine, à nous et à nos décrets apostoliques dans la cérémonie préliminaire de votre consécration.

Ce n'est qu'avec peine, V. F., que nous nous trouvons dans le cas de traiter un sujet si désagréable; car, ayant sans cesse sous les yeux notre médiocrité personnelle, nous n'affectons pas de nous montrer comme les dominateurs du

Clergé ; mais nous désirerions être soumis, en vue de Dieu, à toute personne établie pour commander aux autres, et plût au ciel qu'il nous eût été donné d'occuper une place moins élevée ! Mais puisque ce n'est nullement notre cause particulière que nous défendons, mais celle du Siége apostolique du B. Pierre, sur lequel nous sommes élevés, non-seulement sans en être dignes, mais malgré nous, par une disposition particulière du jugement de Dieu : Après avoir par zèle pour la paix et par amour pour l'unité, gardé un long et profond silence, et avoir toléré avec la charité de Jesus-Christ, qui est patiente, et avec une indulgence tout-à-fait paternelle, plusieurs atteintes portées avec méchanceté contre les droits et la dignité de ce même Siége apostolique, il ne nous est plus permis, en voyant que par un progrès déréglé et pernicieux les excès des transgressions impunies s'augmentent tous les jours, et que les fautes se multiplient; il ne nous est plus permis de dissimuler, ni de taire ce que nous avons toléré par zèle pour le rétablissement de la foi et par amour pour la concorde; nous ne pouvons, ni ne devons plus négliger ultérieurement ce qu'exige de nous la place du Fils unique de Dieu et de notre sauveur Jesus-Christ, que nous occupons sur la terre, tout indignes que nous en sommes.

Car, nous voyons, V. F. (et nous sommes forcés de le dire avec le sentiment de la douleur profonde, dont notre cœur paternel est pénétré), que des hommes qui se disent catholiques, se permettent de jour en jour de répandre dans le public des écrits tendans à diminuer et à renverser les droits de ce Siége, et où il règne une liberté et une licence qui ne peuvent servir qu'à réjouir les hérétiques et les ennemis de l'église, qu'à scandaliser et affliger les orthodoxes et les ames pieuses, et qui bien certainement ne peuvent être d'aucun avantage ni d'aucune utilité pour personne. (1) Or, que des évêques, et plusieurs évêques se permettent quelquefois de donner dans les travers de ces écrivains licencieux, et de tendre au même but dans leurs écrits, c'est une chose trop déplorable, et qui n'est nullement supportable; comme si les mêmes jugemens apostoliques, portés par les Souverains Pontifes pour établir une règle de foi, auxquels toute l'église gallicane rendoit encore hommage peu d'années auparavant (2), en professant hautement dans des lettres adressées à nos prédécesseurs, qu'ils étoient appuyés sur une autorité également divine et souveraine dans l'église universelle, comme si ces mêmes jugemens devoient être regardés maintenant comme n'ayant presque aucune force et comme chancelans, s'il est permis de parler ainsi, à moins qu'ils ne soient affermis par votre jugement, c'est-à-dire, par le jugement d'un petit nombre d'évêques, que vous prétendez devoir survenir nécessairement à cet effet.

Votre manière de procéder étoit si régulière, V. F., et fidèles à marcher sur les traces édifiantes de vos ancêtres, vous aviez recours avec autant de confiance que d'humilité au Siége apos-

_____

(1) Ne seroit-ce pas, entr'autres, l'abbé Fleury, que le Pape auroit en vue et qu'il désigneroit? Il est si bien caractérisé!

(2) Notamment en 1699, lors de la condamnation du livre de M. de Fénélon; jusques-là que la Bulle étoit à peine arrivée, que le grand Bossuet lui-même, sans attendre le consentement de l'église, requis par le 4.ᵉ article de sa déclaration, s'écria: *Rome a parlé, la cause est finie*; et l'on dira encore que cette fatale déclaration n'avoit été retractée en 1692, que quant au mode, et non quant à la doctrine!

tolique, comme à la forteresse de la foi, à la métropole de toute la discipline et au centre de l'unité catholique, où toutes les églises doivent nécessairement aboutir, comme autant de rayons, si elles ne veulent pas trouver leur perte dans toute autre direction, ainsi qu'à la foi du B. Pierre, qui ne défaut jamais, et en vertu de laquelle les erreurs des hérétiques sont frappées de réprobation par un décret péremptoire. Pourquoi avez-vous donc quitté si promptement cette marche, pour passer presque à un autre évangile, comme si, en élevant des doutes sur la sûreté de la forteresse de la foi et de la métropole de la discipline, vous cherchiez à les faire passer par l'épreuve de vos défiances et de votre examen, comme si vous paroissiez vouloir non pas conduire et vouloir attacher vos rayons au centre de l'unité catholique, mais plutôt forcer ce centre à rechercher vos rayons et s'y attacher, et comme si en un mot vous rougissiez de reconnoître la foi du B. Pierre, qui ne défaut jamais? Considérez, je vous prie, et examinez sérieusement en présence du suprême pasteur, qui doit nous juger tous dans la vérité, si c'est là honorer le Siége apostolique, comme vous reconnoissez que vous y êtes obligés par devoir et même par honneur, et en quoi vous vous glorifiez, que les français l'ont toujours emporté sur les autres catholiques, ou si ce n'est pas plutôt l'offenser? Est-ce là conserver, défendre, augmenter et étendre les droits, les honneurs, les privilèges et l'autorité de la Sainte-Eglise Romaine, ce que vous avez promis pareillement par le serment antérieur à votre consécration? N'est-ce pas plutôt en renverser les mêmes droits, en diminuer les honneurs, en révoquer en doute les privilèges et l'autorité?

Et certes, *comme aucune construction ne peut*

être stable, lors qu'elle n'est pas appuyée sur cette pierre que le seigneur a posée pour être le fondement, selon la parole du grand St.-Léon, qui le disoit autrefois avec confiance, prenez garde, V. F., que ce ne soit ici la raison pour laquelle depuis tant d'années, il n'y a jamais eu de paix véritable dans vos églises, comme il n'y en aura jamais, à moins que, comme vous le disiez il n'y a pas si long-tems, l'autorité du Siége de Rome ne prévale pour anéantir les erreurs, et que la sentence qu'il prononce clairement et avec fermeté sur les choses appartenantes à la foi, ne dissipe toute obscurité, ne calme les esprits flottans et agités, ne mette un terme aux dissensions et ne rende à l'église sa tranquilité et sa splendeur. Alors vous n'aurez plus qu'une même ame et un même esprit, et il n'y aura point de schisme parmi vous, lorsque vous serez étroitement unis de sentimens avec le premier Siége, la source de l'unité Sacerdotale, par une humble adhésion à ses décrets. Alors vous exigerez une obéissance entière des ouailles qui sont soumises à votre autorité; lorsque vous vous serez acquittés pleinement de celle que vous devez à l'Eglise Romaine, dont vous n'ignorez pas que vous êtes les sujets.

Que l'ordre Episcopal, V. F, conserve donc son honneur et sa dignité; mais qu'il n'outrepasse pas les bornes posées par nos pères. Qu'aucuns prélats inférieurs n'ayent la présomption de juger ou d'enseigner l'Eglise Romaine, la mère et la maîtresse de toutes les églises, ou de réviser les causes sur lesquelles elle a prononcé (mais que les décrets portés par le Pontife Romain selon son saint ministère et en vertu de l'autorité apostolique (ce sont les anciens canons de France que nous vous citons ici), soient reçus de tous avec la plus profonde vénération, et que l'obéissance qui lui est dûe, lui soit rendue en toutes choses et en tout tems, *sur-tout par ceux* (selon l'avertissement d'un ancien évêque de France, et toutefois très-zélé pour l'extension du droit Episcopal), *sur-tout par ceux qui habitent ces contrées où la grâce de Dieu les a tous engendrés dans la foi par sa prédication et les a nourris d'un lait catholique.* Ce n'est pas pour vous confondre que nous vous écrivons ces choses, mais pour satisfaire à la sollicitude pastorale que nous devons aussi exercer envers vous. Nous vous avertissons, nous vous prions, nous vous conjurons dans le seigneur Jésus, comme nos frères et nos fils bienaimés, de ne pas être une occasion de scandale et de chûte aux autres églises du monde Chrétien, (1) soit en vous permettant de déprimer dans vos écrits et avec une licence criminelle la chaire apostolique, votre plus tendre

―――――――――

(1) Ce que le Pape Clément XI prévoyoit, ce qu'il craignoit, ne s'est malheureusement que trop vérifié par la coupable obstination, non pas des évêques, mais des docteurs Gallicans. Car ce n'est pas seulement en France, que la défense attribuée à Bossuet des quatre articles de la déclaration de 1682, et les ouvrages de l'abbé Fleury, entr'autres, ont aliéné contre le St.-Siége, tant d'esprits prévenus et égarés par ces écrits pernicieux. Nous voyons de plus, que les Fébroniens, les Joséphistes, les Emsiens n'ont causé et ne causent encore tant de maux en Allemagne et en d'autres pays, que par la propagation de ces ouvrages anti-catholiques, de ces productions anarchiques, sur lesquelles on a enchéri de jour en jour. On ne doit donc pas être surpris que la révolution française ait dans tous les pays un si grand nombre de partisans. Le Fébronianisme, qui n'est qu'une extension, qu'un développement exagéré du Gallicanisme, y a disposé tous les esprits, sur-tout en Allemagne et en Italie, par ses paradoxes antimonarchiques.

mère, d'où la source de la religion a coulé sur vous, par l'effet de la bonté de Jesus-Christ, soit en vous arrogeant le droit, par une licence non moins criminelle, de juger de ses constitutions et décrets : car, c'est à nous que la dispensation a été confiée, et nous nous rendons coupables, si nous abandonnons la cause du B. Pierre et de son Siége, contre la disposition des règles établies par nos pères. Et en effet, si nous n'avons pas soins de nous opposer à toute entreprise criminelle, nous frayons aux autres la voye qui conduit et qui aboutit aux plus grands excès.

Que personne donc ne vous séduise par de vaines paroles, et prenez garde de vous laisser tromper par la promesse flatteuse que l'on vous fait, de donner plus d'étendue à votre autorité. Apprenons tous à n'avoir point de présomption, mais à craindre ; car, il est écrit : *vous a-t-on établi pour gouverner? n'en concevez point d'orgueil*; et puisque, selon la maxime du seigneur, nous devons faire en sorte, que *celui qui est le plus grand parmi nous, devienne comme le plus petit*; que ceux qui sont plus petits rougissent de paroître vouloir en quelque manière se mettre au même rang, et qui plus est, s'élever au-dessus de celui qui est le plus grand. Recherchons avec ardeur *la charité sans laquelle nous ne sommes rien* ; cette charité qui ne *s'enfle point d'orgueil, n'est point ambitieuse, ne cherche point ses intérêts*, et se permet encore moins d'attenter à ceux d'autrui. Respectons l'ordre Hiérarchique établi par la vérité, et confirmé par la *parole* même de Jésus-Christ, *qui ne peut point passer, même après que le ciel et la terre auront passé*; ordre Hiérarchique tellement inviolable, que c'est au B. Pierre, apôtre, qui vit et qui préside encore sur son Siége, avec sa puissance et son autorité, et dont la dignité est toujours la même dans son héritier, tout indigne qu'il en est; que c'est au B. Pierre qu'il appartient de *confirmer ses frères*, et non à ses frères de le confirmer lui-même. En un mot, gardons avec fermeté l'unité de l'église catholique, en retranchant les disputes vaines et inutiles, qui sont plus propres à faire naître des questions, qu'à procurer l'édification; cette unité si essentielle, laquelle, comme nous l'avons appris de nos ancêtres, et comme nous ne l'ignorons pas, consiste particulièrement, en ce que, quoiqu'il y ait dans le peuple de Dieu un grand nombre de prêtres et de pasteurs, c'est Pierre néanmoins qui les gouverne tous, en vertu de la puissance propre qu'il en a reçue de Jesus-Christ, comme c'est Jesus-Christ qui les gouverne principalement. (Hist. Ecclés. tom. 67, liv. 213, sect. 102, pag. 390.)

~~~~

Il est à croire que ce bref n'avoit pas produit l'effet que le Pape Clément XI en attendoit, puisque six mois après, le 31 août 1706, il se vit dans le cas de se plaindre encore à Louis XIV lui-même, par le bref suivant :

Notre très-cher fils en J.-C. salut et bénédiction apostolique.

Si les actes qui viennent d'être rendus publics par la voye de l'impression, au nom de la dernière assemblée du clergé de France, n'avoient rien ajouté à ce qui s'est passé il y a quelques années, au mépris et au détriment du Siége apostolique, ce procédé quoiqu'assez odieux par lui-même et très-peu excusable, nous aurions pu néanmoins peut-être le dissimuler, à l'exemple de celui qui disoit : *J'ai conservé la paix avec ceux qui haïssoient la paix*, mais comme dans l'affaire de la constitution que nous avons portée, à la prière même de V. M., pour anéantir les restes du Jansénisme, nous avons fait ensorte qu'il ne s'y trouvât rien qui pût déplaire à juste titre aux zélateurs des usages de France, même les plus pointilleux et les plus susceptibles, il nous sembloit que nous pouvions nous attendre, que par un juste retour, l'assemblée du clergé procéderoit à l'égard de ce St.-Siége avec pour le moins autant de précaution et de modération, dans ce tems surtout où la plus grande concorde devoit régner, et entre le chef et les membres, et entre le sacerdoce et l'Empire.

Or, quoique nous ne doutions nullement que ce n'ait été là en effet le désir de tous, ou de la plupart des évêques qui en étoient membres comme c'étoit l'intention bien prononcée de V. M., il faut néanmoins qu'ils se soient laissés surprendre par les intrigues de quelques hommes artificieux, qui sachent depuis longtems par expérience, que cette concorde des deux puissances tend à leur perte; se sont appliqués secretement à jetter de semences d'ivraye pour l'affoiblir d'une manière quelconque, ce qui ne leur a en effet que trop malheureusement réussi; car à en juger par ce qui a été conservé jusqu'ici des actes de cette assemblée, on diroit qu'il y a été moins question de recevoir notre dite constitution, que de restreindre, ou plutôt de réduire à rien l'autorité du Siége apostolique.

Et nous ne réclamons pas seulement ici en faveur d'une cause qu'il plait à quelques-uns de regarder comme propre et comme exclusivement relative au St.-Siége, (quoiqu'il n'y ait presque pas de cause particulière relative à la chaire de Rome, que l'on puisse dire être étrangère et n'avoir pas un rapport immédiat à l'église universelle, dont elle est tout à la fois le chef et la mère et la maîtresse), *mais nous nous élevons contre la nouveauté des principes qu'on n'a pas craint* d'embrasser récemment, et qui ne peut pas manquer, si on ne la réprime point, d'entraîner bientôt la subversion entière des constitutions apostoliques, et par là même de la foi catholique, de dépouiller les édits royaux de V. M. de toutes leurs forces et de toute leur autorité, et d'assurer en même tems l'impunité et le triomphe du Jansénisme et du Quiétisme, et même de toute hérésie quelconque qui pourra s'élever dans la suite. (1)

Comme nous voyons qu'on a dissimulé toutes ces choses à V. M.; afin qu'on ne puisse pas dire que nous les avons exagérées, nous en avons donné plus en détail des preuves confirmatives à notre très-cher fils Toussaint de Janson, cardinal de la S. E. R. dans l'entretien que nous avons eu avec lui à ce sujet un peu avant son départ de cette ville, et nous venons demander au V.⁶ frère Augustin archevêque d'Amasie, notre nonce auprès de vous, de les exposer à V. M. de vive voix et par écrit, selon que l'exige l'importance de la chose, et afin que vous compreniez clairement à quel point cette dernière assemblée s'est écartée de l'ancienne doctrine en vigueur dans l'église gallicane, et de la marche régulière que les évêques de France eux-mêmes ont suivie en recevant et en exécutant avec une obéissance qui est de devoir, les constitutions d'Innocent X et et d'Alexandre VII, nos prédécesseurs.

―――――――――

(1) Dira-t-on que le Pape ne parle pas de la doctrine, ou qu'il tolère un système d'aristocratie ou de démocratie, dont il prévoit et développe si bien les conséquences désastreuses pour la religion et pour la monarchie, et qui depuis lors a servi en effet de base et aux Quénellistes pour fouler aux pieds l'autorité de l'église, et aux parlemens pour entraver, au nom de la nation, pour réprimer et rendre odieuse l'autorité du roi.

C'est pourquoi, pour ne pas manquer à notre devoir, nous n'avons pas pû différer plus long-tems de faire parvenir aux V. F. les archevêques et évêques et aux autres ecclésiastiques qui étoient pour-lors réunis en assemblée, les plaintes que nous avions conçues depuis long-tems, au sujet des assertions répréhensibles qu'ils avoient établies, et des actes non moins blâmables qu'ils s'étoient permis dans la même assemblée, les avertissant sérieusement, en vertu de l'autorité apostolique dont nous sommes revêtus, tout indignes que nous en sommes, par l'effet de la volonté de Dieu, et qu'avec son secours nous défendrons avec une constance inébranlable jusqu'au dernier souffle de notre vie, de se contenter de la part de la sollicitude qui leur est confiée dans l'église, et de n'avoir pas la hardiesse d'usurper la plénitude de la puissance accordée de droit divin à cette seule chaire du B. Pierre, *d'apprendre à respecter et à exécuter ses décrets sur la foi catholique, et de ne s'attribuer pas présomptueusement le droit de les discuter et de les juger.*

Au reste, dans la nécessité où nous sommes de nous plaindre, (à laquelle nous n'avons dû céder que malgré nous, comme V. M. le comprendra facilement par la longueur même du tems que nous avons différé à faire attendre nos plaintes) ce nous est une consolation de savoir qu'elles ne tombent que sur quelques particuliers, mais non pas sur le corps entier du clergé de France : (1) car, outre que plusieurs provinces

---

(1) Tant il est vrai de dire que le corps épiscopal de France est toujours demeuré ferme dans les bons principes, dans le tems même que l'assemblée dont il s'agit, et celle de 1682 s'en écartoient, en se laissant séduire, comme le dit Clément XI, par les sophismes trompeurs de quelques intrigans.

du royaume, comme nous l'avons appris, n'avoient donné à leurs députés à cette assemblée aucun pouvoir de délibérer sur les matières dogmatiques, et que les procureurs des évêques absens, qui étoient en assez grand nombre, n'avoient point donné leur suffrage à cet égard, nous avons été informés d'ailleurs par le bruit public et d'une manière constante, qu'au milieu de cette assemblée des évêques d'une réputation distinguée ont formé la plus grande opposition à ce qu'on portât sur les actes rien de ce qui contenoit une pernicieuse nouveauté, et qu'ils savoient très-bien pour cela nous être désagréable.

Comme nous avons donc improuvé, par la lettre que nous avons adressée aux mêmes évêques, les procédés illégitimes qu'ils se sont permis contre l'ancienne et la saine doctrine de leurs ancêtres, reçue et conservée de tout tems en France, (1) et qui ne peuvent servir qu'à mettre en sûreté les nouveautés du Jansénisme et de toutes les autres hérésies; ainsi nous avons la confiance qu'après y avoir mieux réfléchi, et sur-tout par les soins de V. M., qui s'est acquis tant de gloire en poursuivant l'erreur et en contribuant à la paix de l'église, ils répareront entièrement le scandale de leurs fausses démarches; car ce n'est pas notre cause personnelle que nous défendons, lorsque nous voulons que les bornes antiques soient maintenues, et conservées; mais c'est la cause de la foi et de l'église. Il y a plus, c'est la cause de votre état lui-même. Ce que nous avons encore à ajouter à cet égard, vous sera communiqué par

___

(1) Qu'on dise encore après cela, que la doctrine gallicane n'est pas une doctrine de rebellion, que c'est une opinion libre et autorisée dans l'église, et qu'on peut la soutenir et la défendre sans manquer au respect et à la soumission dûs au St.-Siége.

par notre dit Nonce, et nous vous donnons, notre très-cher fils en Jesus-Christ, la bénédiction la plus étendue. (Hist. Ecclés., tom. 67, liv. 213, sect. 98, pag. 364).

~~~~

Voici maintenant comment les évêques, qui avoient été membres de l'assemblée de 1705, rétractèrent la maxime républicaine qu'ils avoient avancée, pour soumettre les constitutions apostoliques à la ratification du corps des pasteurs, et comment ils donnèrent satisfaction au St.-Siége. Ils écrivirent au Pape en 1711, par l'organe du cardinal de Noailles qui avoit présidé ladite assemblée et ils lui exposèrent : » qu'en établis-
» sant la nécessité de l'acceptation des constitu-
» tions apostoliques par le corps des pasteurs avant
» qu'elles ayent la force d'obliger, ils n'avoient
» pas entendu une acceptation qui soit solem-
» nelle, ni que l'assemblée des évêques s'érigeant
» comme juge des constitutions, ait le droit de
» le soumettre à son tribunal, mais qu'elle n'a-
» voit voulu que manifester la conformité de sa
» doctrine avec la doctrine apostolique, et par
» là ôter tout subterfuge aux Jansénistes ».

On voit par les deux brefs précédens que les factieux qui égaroient l'assemblée de 1705, ont voulu, conformément aux principes du richerisme et de la déclaration de 1682, faire prévaloir comme essentielles au gouvernement de l'église, les formes aristocratiques et républicaines, au préjudice et à l'exclusion même de la forme monarchique, qui en fait le caractère distinctif, et tout ensemble la force et la beauté, en quoi ils ont travaillé à changer la forme du gouvernement de l'église, dont l'autorité souveraine, confiée par Jesus-Christ à un seul chef suprême, le rend exclusivement monarchique, et par-là même le plus parfait des gouvernemens; car tout gouvernement, tel qu'il soit, prend essentiellement et distinctement la forme ou monarchique ou républicaine, selon que les droits et l'exercice de la souveraineté appartiennent à un seul, ou à plusieurs collectivement; de sorte que les gouvernemens mixtes, quelle qu'en soit la dénomination, ne sont, à le bien prendre, que des modifications du régime républicain, puisque la souveraineté y est exercée par plusieurs collectivement. Or les droits et l'exercice de la souveraineté dans l'église, ces factieux les ont attribués exclusivement, non au souverain pontife, à qui néanmoins Jesus-Christ en a confié la plénitude, mais au seul corps épiscopal, devenu par là le chef suprême de son propre chef. Car en établissant comme principe fondamental du gouvernement de l'église, que les décrets du souverain pontife, chef suprême et unique de ce gouvernement, ne sont point obligatoires par eux-mêmes, et qu'ils n'acquièrent force de loi que par la ratification du corps des évêques, exprimée par voye de jugement, ou de simple consentement, il est clair que c'est reconnoître et professer hautement, que la souveraineté dans l'église appartient exclusivement au seul corps épiscopal, puisque celui-là seul est exclusivement le souverain, qui a le droit suprême, en établissant ou en sanctionnant une loi, de la rendre obligatoire pour la généralité. Mais d'après le principe posé ci-dessus, c'est bien déclarer et consacrer en même-tems non-seulement que le gouvernement de l'église n'est point un gouvernement monarchique, mais que c'est essentiellement et exclusivement un gouvernement aristocratique et républicain. Et voilà comme ces factieux ont attenté solemnellement à la monarchie spirituelle et toute divine de l'église ; voilà comme du gouvernement le plus parfait qu'il y ait au monde, en ne lui laissant plus qu'un vain simulacre de monarchie, ils en ont fait dans la réalité le plus imparfait et le plus défectueux des gouvernemens.

En vain, pour pallier cet attentat, allégueroit-on qu'ils ont eu en vue non pas d'anéantir la monarchie du souverain pontife, mais seulement de la tempérer par l'aristocratie des évêques ; car s'ils n'ont voulu que la tempérer et non pas l'anéantir, pourquoi donc l'ont-ils subordonnée et assujettie sans restriction à cette aristocratie ? Pourquoi ont-ils placé la souveraineté de l'église dans le corps épiscopal exclusivement, et n'ont-ils pas laissé au souverain pontife, qui en est le chef, aucune part active et principale dans l'exercice des attributs les plus essentiels à cette souveraineté ? Est-ce ainsi que sont constituées les monarchies mixtes et tempérées ? Non ; car dans cette espèce de gouvernement, où le pouvoir législatif et la souveraineté par conséquent sont partagés entre le monarque et une assemblée d'état permanente ou périodique, le monarque du moins conserve toujours la part la plus essentielle dans la législation, puisqu'il jouit de la prérogative suprême, ou de sanctionner les lois, ou de les rejeter. Mais dans le Système de ces factieux, il s'en faut bien que le Souverain Pontife soit traité d'une manière aussi honorable, aussi avantageuse. Bien loin d'avoir le droit de sanction à l'égard des décrets portés par le corps des évêques en Concile général, il a tout au plus le droit de proposer la loi et de la faire exécuter, tandis cependant que le corps épiscopal au contraire, en vertu de l'autorité souveraine qui lui appartient exclusivement, selon ces novateurs, exerce seul le droit de sanction, en approuvant, ou en rejettant les décrets rédigés et présentés à son acceptation suprême par le Souverain Pontife. Or, on demande si, à des conditions aussi exclusives de tout droit monarchique, le gouvernement de l'église peut être placé dans la classe des Monarchies même mixtes et tempérées? Non, il est impossible d'y voir autre chose que les formes essentielles et distinctives d'un gouvernement aristocratique et républicain.

Mais, dira-t-on, il falloit bien mettre à couvert les droits immuables et imprescriptibles de l'épiscopat, ainsi que les libertés de l'église gallicane contre les entreprises de la Cour de Rome. Or, point d'autre moyen pour cela, que d'opposer l'autorité souveraine du corps épiscopal à la monarchie absolue du Pape, et au despotisme de sa Cour ambitieuse. Fort bien, c'est-à-dire, qu'il falloit provoquer et autoriser une révolution destructive de la monarchie temporelle de la France par celle que l'on opéroit dans le gouvernement de l'église, au préjudice de la monarchie spirituelle du Souverain Pontife; c'est-à-dire, qu'il falloit fournir à tous les révolutionnaires les motifs les plus efficaces et les prétextes les plus séduisans pour opérer et justifier leur révolution, et dont on voit qu'ils ont en effet tiré les plus grands avantages; car, à l'exemple des gallicans de 1682 et de 1705, qui avoient prétendu mettre un frein aux entreprises de la Cour de Rome en républicanisant le gouvernement de l'église, les révolutionnaires ont voulu aussi de leur côté, et avec au moins autant de raison, républicaniser la monarchie française pour la garantir des abus de la royauté; et il le falloit bien, répètent-ils sans cesse, pour mettre à couvert les droits immuables et imprescriptibles de la nation, et maintenir la liberté publique et individuelle contre les entreprises tyranniques du despotisme royal. On ne pouvoit y réussir, qu'en opposant l'autorité souveraine de la nation aux excès du pouvoir arbitraire; tant il est vrai que la révolution dans l'ordre civil de la monarchie française s'est faite d'après les mêmes principes et sous les mêmes prétextes qu'elle avoit été opérée depuis long-tems par les gallicans dans l'ordre spirituel de la monarchie de l'église. Aussi, les attentats de 1682 et de 1705 avoient-ils imprimé dans le sein de la monarchie, avant même qu'il fût question du philosophisme, les maximes du républicanisme qui vient de consommer sa dissolution; et voilà pourquoi la révolution a trouvé dans le principe tant de partisans parmi ceux même qui en sont aujourd'hui les principales victimes. Les principes républicains du gallicanisme, dont la France étoit généralement infectée, et qui y ont servi de base aux Systêmes du Philosophisme, y avoient disposé et préparé les esprits les mieux intentionnés, même les plus religieux et les plus opposés au Philosophisme.

Cependant aujourd'hui que le gallicanisme est pleinement démasqué par sa déplorable influence en faveur de la révolution dans le sens républicain, qui ne seroit surpris et révolté de l'aveugle inconséquence de cette foule de Gallicans, qui se disent *Royalistes purs*, et qui néanmoins tiennent encore avec plus d'opiniâtreté que jamais à ce fatal Systême? D'une part ils conviennent que la monarchie pure et absolue, telle qu'elle existoit en France dans l'ordre civil, est le meilleur et le plus parfait des gouvernemens, le plus digne de la sagesse de Dieu, le plus conforme aux vues de sa Providence, puisqu'il est l'image du gouvernement de Dieu même; mais d'un autre côté ils soutiennent, et avec une obstination invincible, que la forme du gouvernement établie dans l'église, par Jesus-Christ, la sagesse de Dieu même, n'est pas la monarchie pure et absolue, mais une monarchie mixte et tempérée par l'aristocratie, c'est-à-dire, dans leur sens et comme on l'a fait voir plus haut, une monarchie en apparence et une aristocratie en réalité. Dans le temps qu'ils font les vœux les plus ardens et qu'ils sont prêts à donner leur vie pour le rétablissement de la Monarchie française dans toute sa pureté et toute son intégrité, ils ne peuvent pas souffrir, ils ne voyent qu'avec indignation, que l'on prenne la défense de la monarchie pure absolue de l'église, si essentielle à son unité, et d'où résulte la force et toute la perfection de son gouvernement spirituel. Ce qui est, dans leurs principes, si digne de la sagesse de Dieu et des vues de sa Providence dans l'ordre du gouvernement temporel, n'en est plus digne dans l'ordre d'un gouvernement surnaturel et tout divin. Reconnoître et confesser publiquement la souveraineté du chef de l'église et sa puissance suprême au-dessus du corps épiscopal et de tous les Conciles, c'est proclamer le despotisme dans l'église, et ils en ont horreur ; mais admettre, comme ils font, dans le monarque la même souveraineté et la même puissance suprême dans le gouvernement civil et sur les différens ordres de l'état, ce n'est plus le despotisme, c'est un droit inaliénable de la couronne, et ils en sont idolâtres. Ils redoutent les abus d'autorité de la part du Souverain Pontife, du chef de la religion, qui dans la personne de St.-Pierre a reçu les promesses les plus solemnelles de l'assistance de l'esprit-saint pour le gouvernement de l'église, et ils ne le craignent pas de la part d'un roi dont ils ont rendu l'autorité arbitraire et illimitée, en le déclarant indépendant de Jesus-Christ, de sa religion, de son église, et auquel ils ont donné par-là pleine liberté de respecter ou de fouler aux pieds, de maintenir ou d'anéantir impunément dans un état chrétien les dogmes, les loix et les intérêts les plus sacrés de Jesus-Christ, de sa religion et de son église. Voilà comme ces docteurs sont d'accord avec eux-mêmes.

Hucusque suas protraxit observationes et hujus libelli justificationem R. Adm. Dominus

HERMANUS-JOSEPHUS-ADRIANUS PETIT, *S. T. L. Canonicus et Thesaurarius Eccl. Cathed. Gandavensis, necnon Exam. Synod. qui ab exilio pro fide redux, multisque molestiis fatigatus et fractus, obdormivit in Domino, anno ætatis suæ septuagesimo secundo.*

Gandæ, 20 feb. 1804.

Fautes à corriger.

Pag. 7, lig. 17, adjurer, lisez : abjurer.

Pag. 28, lig. 12, *alterie*, lisez : *alteri*.

Pag. 47, lig. 21, 1477., lisez : 4177.

Pag. 56, lig. 38, cette acceptation, lisez : donc cette acceptation.

Pag. 71, lig. 15, n'a été admise, lisez : n'a plus été admise.

Pag. 79, lig. 2, de Jesus-Christ ; même, lisez : de Jesus-Christ même ;

TABLE.

Exorde de l'ouvrage. pag. 1

I. §. Profession explicite de la Doctrine de l'Eglise Romaine contre le Systême Gallican. 9

I. L'Unité essentielle à la Ste.-Eglise Catholique. ibid

II. Une Chaire unique en signe de cette Unité. ibid

III. St. Pierre, chef visible de la Ste. Eglise. ibid

IV. La prière de Jesus-Christ pour St.-Pierre et l'ordre qu'il a reçu de confirmer ses frères, se rapportent aussi à ses successeurs. 10

V. Le Souverain Pontife, considéré comme chef de l'église, est infaillible personnellement. 11

VI. La Chaire Apostolique n'a pu recevoir aucune atteinte des Décrets du Concile de Constance. (Sess. 4 et 5). ibid

VII. C'est une absurdité criminelle que de supposer qu'on peut appeller au St.-Siége ou au Concile général du jugement du Pape, considéré comme Pape. 13

VIII. Pour quelles raisons l'Eglise Romaine est infaillible d'une infaillibilité tant active que passive. ibid

IX. Cette infaillibilité assure à l'Eglise Romaine un caractère d'indéfectibilité, qui ne convient qu'à elle seule. 14

X. Les Eglises particulières ne peuvent conserver la foi dans sa pureté qu'autant qu'elles se tiennent étroitement unies à l'Eglise Romaine. ibid

TABLE.

XI. Les décisions Dogmatiques de l'Eglise Romaine sont irréformables avant l'acceptation ou consentement des autres églises. 15

XII. Les Canons tiennent leur autorité principale de la sanction ou du consentement de l'Eglise Romaine. 16

XIII. Un Concile, quelque nombreux qu'il soit, ne doit être regardé légitime qu'autant qu'il est reconnu pour tel par l'Eglise Romaine. 17

XIV. Il n'y aura jamais de Schisme entre le Chef visible de l'Eglise, et tout le corps des Evêques et fidèles. 18

XV. L'infaillibilité inhérente à la dignité du Souverain Pontife comme chef, appartient à toute l'église dans l'unité de ce chef. ibid

XVI. Cette infaillibilité, qui est active dans le corps Episcopal, n'est que passive dans le corps des fidèles. 19

XVII L'autorité, que les évêques ont reçue collectivement de Jesus-Christ dans la personne des Apôtres, ne diminue en aucune manière la plénitude de la puissance conférée à St.-Pierre et à ses successeurs. 20

XVIII. Les évêques qui sont pasteurs à l'égard des peuples, sont toujours brebis à l'égard de St.-Pierre. ibid

XIX Les Evêques ont droit de juger en première Instance. 21

XX. Jesus-Christ grand prêtre et grand roi dans son église et sur son église. 22

TABLE.

XXI. Le royaume de Jesus-Christ, qui n'étoit pas de ce monde, a été établi dans ce monde ... 23

XXII. Jesus-Christ exerce sa royauté dans ce monde. ... 24

XXIII. Depuis la chûte de l'empire païen, l'église est devenu état civil. ibid.

XXIV. Comment, dans une société exclusivement chrétienne, les princes ne règnent plus de droit que comme chrétiens. ... 25

XXV. Comment la puissance temporelle des princes chrétiens est la puissance propre de l'église. ... 26

XXVI. Comment les deux puissances sont subordonnées dans leur exercice aux lois du christianisme. ... 27

XXVII. Le dépôt des Dogmes de la religion appartient aux successeurs des Apôtres, et principalement au Souverain Pontife. ... ibid

XXVIII. Les princes chrétiens doivent respect et obéissance aux lois sacrées de l'église. ... 28

XXIX. Les Pontifes évêques *du dedans*, et les princes évêques *du dehors*. ... 29

XXX. Les princes chrétiens, quant au civil, sont souverains dans la partie du royaume de J.-C. sur laquelle ils règnent; mais non pas au préjudice des droits de J.-C. ... 30

XXXI. L'église a reçu de J.-C. toute l'autorité nécessaire pour arrêter et venger les attentats contre ses droits. ... 31

TABLE.

II. §. Précis et analyse du Systême Gallican. 45

III. §. Le Systême Gallican, première et principale cause de la révolution dans l'ordre ecclésiastique et civil. 64

IV. §. Le Systême Gallican, principal obstacle à la contre révolution en faveur de la monarchie très chrétienne. 121

Lettre de l'auteur à Mgr. l'évêque et prince de N. 138

Observations de M. H.-J.-A. Petit.

Bref du Pape Innocent XI, adressé aux membres de l'assemblée du Clergé de France de 1682. 141

Bref du même Pape Innocent XI, à Louis XIV, sur le même sujet. 150

Constitution *inter multiplices* d'Alexandre VIII, qui condamne tant la concession de la Régale que la déclaration des 4 articles. 153

Extrait de la constitution de Pie VI. contre le Synode de Pistoie. 156

Réfutation des assertions d'un docteur gallican, relatives à la condamnation de la déclaration de 1682. 158

Anecdote intéressante de M. l'Abbé de...., vicaire-général du diocèse de.... 171

L'infaillibilité du St. Siège Apostolique, enseignée dans l'église comme dogme de foi, mais sans pouvoir jamais être l'objet d'une définition formelle, etc. 175

Bref de Clément XI, adressé aux Evêques de l'Assemblée de 1705, en date du 15 janvier 1706, etc. 189

Bref du même Pape Clément XI à Louis XIV, en date du 31 août 1706. 200

www.ingramcontent.com/pod-product-compliance
Lightning Source LLC
Chambersburg PA
CBHW051913160426
43198CB00012B/1874